WOO-KYOUNG AHN

安宇敬 著　洪世民 譯

# 思考 101

THINKING 101

耶魯大學改變人生的一堂思辨課

導讀

# 思考，讓我們成為特別的存在

【哲學雞蛋糕腦闆】朱家安

若要我列出二十一世紀人類應該了解的概念，「捷思」和「偏誤」一定在裡面，而《思考一〇一》是近十年我讀過的書當中，討論這兩個現象最廣泛和深入的。

若要你評估自己的某項能力是否高於全人類平均，你很可能會高估。若你支持死刑，你會低估可用來反對死刑的說法的可靠程度，反過來也一樣。你久違的吃了鹹酥雞，然後就拉肚子了，若問你為什麼拉肚子，你腦中浮現的第一個東西就是鹹酥雞。

捷思（heuristic）和偏誤（bias）是人類自動化認知系統的一部分。以臺灣讀者可能比較熟的例子來說：

- 許多捷思和偏誤屬於心理學家丹尼爾·康納曼（Daniel Kahneman）《快思慢想》當中的「快思」部分，也就是讓人直覺做出反應的「第一系統」，這系統常在意識之外快速運作，並產生信念、情緒等心理狀態。
- 哲學家和認知科學家強納森·海德特（Jonathan Haidt）代表作《好人總是自以為是》裡的主要洞見是「直覺先來，策略推理後到」。其中的「直覺」部分，也可視為一種捷思，讓人快速反應，做出跟道德、價值相關的判斷。

做為認知機制，捷思和偏誤的常見特色是自動、快速、無意識，它們把我們眼前的世界簡化，來節省人的認知資源和時間，這是一種取捨。不見得每個人都這樣認為，但對我來說，捷思和偏誤是一體兩面：當這種取捨划算、不會造就重大錯誤或傷害，我們把它描述成相對中性的「捷思」，當這種取捨不划算、有夠高的錯誤或傷害疑慮，我們把它描述成比較負面的「偏誤」。取捨是否划算，這不見得取決於取捨本身，環境也有影響，不管是康納曼還是海德特，都討論過一些認知機制，它們先演化而來，爾後因為現代社會環境的改變，而有了不同效果。

了解捷思和偏誤如何運作，就是了解我們如何思考，或者更精確的說：我們的大腦如何在我們沒注意的時候影響我們的思考結果。這是為什麼康納曼和海德特的研究重要，也是為什麼《思考一〇一》能幫助你實現更有品質的思考。作者安宇敬是耶魯心理學家，研究人類的思慮過程，在《思考一〇一》中，安宇敬以明確易懂的方式，讓我們理解我們有哪些思考慣性，若要增加思考的效率並且避免錯誤，我們可以怎麼做。

《思考一〇一》把人容易犯的偏誤分成八類一一分析，將偏誤分類處理是批判思考課程和書籍常見的做法，然而在安宇敬之前，我從未見過有人如此認真對待各種偏誤。若你想要有意義的了解自己腦子裡有哪些偏誤，並且改善，安宇敬提供給你的內容是我見過最完整的，不僅包括特定的偏誤有哪些表現形式和跡象、為什麼這些偏誤不是合理的取捨，也包括「如果這些偏誤有問題，為什麼當初會長出來？」和「我具體而言可以怎麼做來減少這類偏誤的發生？」。這說明讓我們有完整的眼光可以理解偏誤，並且對尚未歸類或者人類尚未發現的偏誤抱持警覺。

身為批判思考教師，對我來說上面這些特色已經足以讓我強力推薦學生閱讀這本書。不過以下我要加碼說明本書的另一優點，這個優點引出的洞見，跟前述特色一樣，在批判思考和討論偏誤的書籍當中難得一見。

本書作者安宇敬是位女性心理學家。在現今社會，批判思考和心理偏誤書籍多半由男性撰寫，這並不是因為男性在批判思考和心理學上特別有天分，而是因為這個社會大致上由男人主導，在廣泛的政治、學術和商業領域，不要說領導和管理階層了，就連參與者也多半是男性。男性在社會上有許多隱形優勢，例如不會被期待要持家、在各種專業上的發言不會受到貶低等等，這些優勢反而讓他們忽視一些能呈現人類偏誤的重要社會案例，例如二〇〇五年哈佛大學校長的性別歧視發言，主張科學界女性較少是源自於先天資質差異。

在《思考一〇一》裡，安宇敬用這個例子來討論關於因果判斷的偏誤，並提出切中要點的分析：首先，雖然安宇敬並不認為來自基因的先天差異真的存在，但就算假設此差異存在，當我們將注意力放在先天差異，就容易錯誤的自動排除其他可能性，例如環境造成的影響。再來，當哈佛大學校長在正式場合主張女性科學家稀少是因為女性天生缺乏科學資質，這個貶低的發言本身就是一個有力的環境因素，去削弱了女性在科學上的自信和表現。順便一提，同樣討論跟因果判斷有關的偏誤，安宇敬對「性犯罪受害人反而責怪自己」的分析也相當有啟發性。

不管是對偏誤進行的完整討論，還是安宇敬身為女性的相關洞見，在更深的層次上，這些都能協助我們更了解自己究竟是怎樣的存在：我們是動物，演化而來，先天的基因型和後天的環境大致上決定了我們會相信什麼、會想要什麼、會因為什麼而感到快樂、悲傷、期待和噁心，但我們也有能獨立思考的心靈（如果有演化之神，現在想必相當後悔），能反其道而行、後設應對，去理解演化和環境的影響，並自己決定是否要與其對抗。

知道自己如何長成這樣，並且撐出一點點自主改變的空間，在我看來，這是人類最特殊的地方。而這本書則是一道光芒，讓你看清楚自己的特殊之處。

給 Marvin、Allison、Nathan

# CONTENTS

CONTENTS

# 序

當我在伊利諾大學香檳分校念研究所、做認知心理學研究時，我們的實驗室團隊成員不時會去喝啤酒配墨西哥玉米片，那是請教指導教授事情的絕佳時機，特別是問一些不會在正式的個別會談上提起的事。其中一次聚會，我鼓起勇氣問他一個卡在我心裡好一陣子的問題：「你覺得認知心理學真的能讓世界變得更好嗎？」

我覺得我的問題問得有點莫名其妙；我已將一生投入這個研究領域，現在才問似乎有點晚了。但就算我在世界各地的認知科學會議上報告我的發現，並順利在受推崇的心理學期刊發表，我仍舊難以向我的高中好友解釋我的研究對現實生活的影響。那一天，我煞費苦心讀了一篇論文，作者的首要目的，似乎在展現他們有多聰明伶俐地處理一個現實世界不存在，又百轉千迴的問題，這使我終於鼓起勇氣，在啤酒幫助下發問。

我們的指導教授向來以含糊籠統出名。如果我問他：「下一次實驗我該做A還是B？」他若不是回答一個撲朔迷離的「好」，就是反問：「你覺得呢？」但這一次，我問他的是簡單的是非題，所以他選擇簡單的回答：「能。」接著我和我的實驗夥伴坐在那裡沉默了五分鐘，等他進一步闡述，但他卻沒有再開口。

在往後的三十多年裡，我試著透過研究那些我希望能在現實世界中應用的疑難雜症，來自己回答那個問題。我從二〇〇三年起在耶魯大學擔任心理學教授，而在該校研究期間，我檢視了幾個可能害我們迷路的偏誤——並發展出可直接應用於日常生活情境的矯正策略。

除了選擇研究的特定偏誤，我也探究一連串於現實世界發生，可能對我和我身邊的人，包括學生、家人、朋友造成困擾的「思考的難題」。我見過很多學生因為低估把某項作業留到以後才做的痛苦，拖拖拉拉不肯馬上做；我聽一個學生說她遭到一名醫師誤診，因為醫師只會問那些符合他既有假設的問題；我注意到有人把遇到的一切困境通通歸咎於自己，因此悶悶不樂，因為他們只看到事實的一面；而有些問題，其實是其他從不認為自己有錯的人所引起的。我親眼目睹幾對伴侶以為自己的溝通清楚無礙，但其實完全誤解對方的意思。

我也見到所謂「思考的難題」如何造成個人生活以外的麻煩。這些根本謬誤和偏見會引發林林總總的社會議題，包括政治兩極化、氣候變遷下的共謀關係、種族剖繪、警方濫射等……幾乎每一個源於刻板印象和偏見的問題都是因此而生。

我開了一門名為「思考」的課，告訴學生，心理學可以如何幫助他們認清和處理現實社會的問題，幫助他們對人生做出更好的決定。那應該相當切合現實需要，因為光是二〇一九年，就有超過四百五十名學生選修。他們似乎都渴望心理學能帶給他們指引，因而口耳相傳。然後我發現一件奇妙的事：很多來校園參訪的學生家人跟我說，修我這門課的學生會打電話回家報告，他們正在學習怎麼處理人生的課題——甚至有人開始提供家人，包括父母自己的建議。也有同事告訴我，他們聽到學生在餐廳激烈辯論課堂上介紹的一些實驗的意涵。每當我和非心理學專業的朋友講到課堂上討論的議題時，他們會問我可以去哪裡學到更多。以上狀況全都顯示，大家真的想要也需要這種類型的工具，所以我決定寫一本書，讓其中一些課題更廣為人知。

我選了八個我覺得與我的學生和其他人（包括我自己！）每天切身相關的主題。每一章探討其中一個，而雖然我會在必要時提到分布在本書各處的內容，但這八章要用哪一種順序閱讀都可以。

我討論的固然是思考的謬誤和偏見，這本書卻**不是**在講人到底有什麼毛病，之所以會發生「思考的難題」，是因為我們的大腦是以非常特殊的方式建構的，大腦之所以如此建構往往有相當充分的理由。推論更是我們的認知高度演化後的副產品，讓人類這種物種能夠倖存到今天，且在世界欣欣向榮。因此，這些難題的解決之道未必那麼容易找到。事實上，不論要消除哪一種偏見，都是無比艱難的。

另外，如果我們想避免這些謬誤和偏見，光是加以認識和提醒自己別犯，是不夠的。就像失眠一樣；失眠一發生，你會很清楚問題出在哪裡——你睡不著。但叫失眠的人多睡一點，絕對不是解決失眠的方法。同樣地，這本書介紹的一些偏誤，你或許已經耳熟能詳，我們仍須提供比光說「別去做」更好的處方。所幸，有愈來愈多研究證實，我們確實有可行的策略來做出更好的推論。這些策略能幫助我們設想我們無法掌控的事，甚至告訴我們某些乍看頗具希望的解決方案，到頭來可能會怎麼招致反效果。

這本書以科學研究為基礎，主要資訊來自其他認知心理學家，但也有一些來自我自己進行的研究。我援用的許多研究都被視為經典，禁得起時間考驗；其他研究則呈現這個領域最新的成果。如同我在課堂上所做的，我會從各種不同生活層面，舉出形形色色的例子來闡明每一個論點。這麼做是有理由的，而你會明白為什麼。

所以，回到我問指導教授的問題：「認知心理學能讓世界變得更好嗎？」這麼多年來，我已經更堅定地相信，答案就是「能。」我的指導教授回答得非常貼切：能，絕對能。

# 01

## 「順」的誘惑

### 事情為什麼看起來那麼容易

設有四百五十個座位的李文森禮堂（Levinson Auditorium），是耶魯大學最大的講堂，每星期一和星期三中午十一點三十五分到十二點五十分之間，是我大學部「思考」課程上課的時間，幾乎座無虛席。今天的主題「過度自信」分外有趣，因為我打算邀幾個學生到台前跟著 K-pop（韓國流行音樂）影片跳舞。

課程從「優於平均效應」（above-average effect）的討論開始。有項研究請一百萬名高中生評估自己的領導力，其中有70％認為自己的技能高於平均，60％認為自己與他人相處的能力位於前10％。參與一項教學能力調查的大學教授，有三分之二把自己評在前25％。在提出這些對於自我的評估過於寬厚的例子後，我問學生一個問題：「你覺得有百分之幾的美國人，自認是優於平均的駕駛？」學生喊出當天目前最高的數字，80或85％之類的，還一邊呵呵竊笑，因為他們覺得太誇張了。結果他們還是猜得太低：正確答案是93％。

要真正教會學生「思考的偏誤」，光敘述研究成果是不夠的；我試著讓他們親自體驗，以免他們淪為「相信別人可能會有某種認知偏誤，我們自己卻免疫」的這種「不是我」偏誤的獵物。例如，可能有學生因為不時覺得沒安全感，而認為自己不會過度自信；也有學生認為自己平常對考試成績的猜測八九不離十，所以自我評估領導力、人際關係或開車技術時也能同樣實際。而「舞蹈」的教學，就在這時派上用場。

我給同學看了BTS[1]〈Boy With Luv〉一段六秒鐘的短片——這首歌的MV在YouTube獲得超過十四億次點閱。我刻意選了一個舞蹈技巧沒那麼高超的段落。（如果你已經找到官方版影片，那在1:18到1:24之間。）

【本書註釋全為編註】

1. 世界知名南韓音樂團體，由七名成員組成，是第一個獲得美國唱片業協會（RIAA）黃金認證的韓國團體。

放完短片後，我跟學生說：老師提供獎賞，你只要順利跳完這一段舞，就可獲得獎勵。我們又看了十遍。甚至還看了特別製作來教觀眾怎麼跳這首歌的慢動作版。然後我徵求自願者。十個勇敢的學生走到講堂前面尋求「爆紅」的機會，其他學生則大聲為他們歡呼。我相信有幾百個學生認為自己會跳這些舞步。看了那麼多次短片，就連我都覺得自己辦得到——畢竟才六秒嘛，能有多難？

觀眾要自願者面對他們，不看螢幕。歌曲開始播放，自願者胡亂擺動手臂，亂跳亂踢，跟影片裡完全不一樣。有人創造出全新的舞步，也有些人三秒後就放棄了，大家都歇斯底里地大笑。

## 「流暢效應」

當遇到我們的心智可以輕易處理的事物時，會引發過度自信。流暢效應（fluency effect）可能以好幾種方式悄悄爬進我們的心靈。

## 習得技能的假象

上述與BTS有關的示範教學，是仿照一項「流暢假象」的研究設計而成。流暢的假象會在我們學習新技能時出現。在那項研究中，參與者觀看六秒鐘麥可．傑克森[2]（Michael Jackson）跳月球漫步的短片，他向後滑行，雙腳彷彿沒有離開地面。這種舞步看來並不複雜，而且他做得輕鬆自如，看似不假思索。

有些參與者看了一遍，有些人看了二十遍。然後他們被要求自我評估：能把月球漫步跳得多好？看過二十遍的人顯然比只看過一遍的人更有信心。既然看了那麼多遍，他們相信自己已經記下每一個小動作，可輕鬆在腦袋裡重現。但當關鍵時刻來臨，參與者親自上場跳月球漫步時，這兩組人的表現卻沒什麼差別。就算看過麥可傑克森表演二十遍，在沒有練習的情況下，你不會比只看過一遍的人更擅長月球漫步。

2. 美國傳奇流行音樂歌手，被尊稱為「流行樂之王」，月球漫步為他的招牌舞步。

人們常產生這種幻覺：見到某人不費吹灰之力地做某件難事，自己一定也沒問題。我們曾在腦海中重播過幾次惠妮休士頓[3]的「And A-I-A-I-O-A-I-A-I-A will always love you」，認為要飆那樣的高音沒那麼難？或是在 YouTube 看到別人做了舒芙蕾，你也想做做看？或是看了「使用前」、「使用後」的照片，決定改用某種新飲食法？

當我們看到看似流暢、熟練或稀鬆平常的成果，例如一塊鬆軟的舒芙蕾或一個身材勻稱的人，我們便會犯下這個錯誤：相信造就那個成果的過程，一定也是順暢、平穩、簡單。當你讀到一本容易理解的書，你八成會覺得寫那本書一定也不難；要是你沒有溜過花式滑冰，看到某位選手在嘗試兩周半跳[4]（double axel）時摔倒，你可能會納悶，其他人都能毫不費力地完成，他／她為什麼會失敗呢？我們很容易忘記一本書需要修訂幾次，或選手要練習多久才能表演兩周半跳。桃莉・巴頓[5]（Dolly Parton）有句名言：「雖然看起來這麼廉價，可是要花很多錢呢。」

TED談話也是我們可能受「流暢假象」欺騙的絕佳例子。TED談話一般為時十八分鐘，也就是只有六到八頁的腳本。因為演說者一定是該領域的專家，你可能認為準備這麼簡短的談話一定是小菜一碟，有些演講人搞不好還會即興發揮。但依據TED方針，演說者應投入數星期乃至數個月的時間準備。會有演說教練為TED式談話提供更明確的準則：你說話的每一分鐘，至少要花一個鐘頭排練。換句話說，你需要排練六十遍。光是排練就要花上二十幾個鐘頭，不包括你思索那六到八頁的腳本涵蓋了哪些東西，以及更重要地，該省略哪些東西——所必要投入，從數小時、數日到數星期不等的時間。

簡短的報告其實比長篇大論更難準備，因為你沒有時間思考下一個句子，或仔細醞釀完美的轉折。我曾問過一個在知名顧問公司工作的學生，是否覺得耶魯大學有幫他做好從事那份工作的準備。他說希望自己當初有在學校學

3. 美國 R&B 歌手，曾榮獲葛萊美獎。〈I Will Always Love You〉為其代表歌曲。
4. double Axel jump，花式滑冰動作，用左足前外刃起跳，右足刀齒不點冰，旋轉九百度後，用右足後外刃落冰，左足不接觸冰面，並向後滑行。
5. 美國鄉村歌手。

到，如何在三分鐘內說服客戶某件事，那是最難成功的一種提報，因為字字重要，但當你做得對，看起來就很輕鬆寫意。

## 知識的假象

「流暢的假象」不限於唱歌、跳舞或演說等技術。在知識範疇中，你也可以見到第二型：一旦我們了解「新的發現」是如何產生，我們就會更容易信以為真。

以布膠帶為例。我們幾乎什麼東西都會貼上布膠帶，從補運動鞋的破洞，到緊急在褲腳上做出摺邊。研究顯示布膠帶還可以除疣[6]，有時效果甚至比標準的液態氮療法[7]更好。聽起來令人難以置信，但當你聽到解釋：疣是病毒引起，只要剝奪空氣和陽光，就可以殺死病毒。拿布膠帶貼住疣，就可以隔絕空氣和陽光。一得到根本過程的解釋，布膠帶的療效聽來就可信多了。

我早期的有些研究就在探討這種現象：也就是，當人們可以想像「根本機制」時，會比較願意推衍「因果關係」。就算實際資料相同，如果我們可以想像得到衍生出結果的順暢過程，就會更願意跳到因果和結論上去。除非根本機制有瑕疵，這原本沒什麼問題。但一旦誤信自己了解某個順暢的過程，我們就可能做出有瑕疵的因果推論。

讓我舉個具體的例子，進行這系列研究時，我碰巧看到《宇宙時鐘：從占星學到現代科學》（*The Cosmic Clocks: From Astrology to a Modern Science*）這本書，這本書是一九六〇年代由自命「新占星家」的米歇爾・高克林[8]（Michel Gauquelin）所撰寫的。書一開始先提出一堆數據（雖然其中有些值得懷疑，但為了方便闡明，讓我們假設全都是真的）。例如，高克林指出在火星擢升到天頂後（先別管這是何意）出生的人，長大後較可能成為頂

6. 人類乳突狀病毒（Human papillomavirus，ＨＰＶ）的感染所造成的皮膚疾患，又被稱為「病毒疣」（Verruca vulgaris）。
7. 利用冷凍解凍的效果破壞皮膚病灶，甚至形成水泡，使表層組織壞死而脫落。
8. 法國心理學家和作家，試圖通過對個性和宇宙影響之間的相關性進行專門研究，將占星術建立在科學的基礎上。

尖醫師、科學家或運動員。他有數百個乃至數千個數據點，並使用複雜的統計來導出他的結論。然而，懷疑的人卻不在少數，就連他也對自己的發現百思不解而尋求解釋。他摒棄較不科學的假設，例如：「星球會在寶寶出生時以某種方式賦予某些天分」，改為提供看似流暢的解釋。他寫道：某種程度上，我們的性格、特徵和智力是天生的，也就是說，這些特質在我們出生前就存在於我們體內了。胎兒在準備出生時會傳送化學訊號，促進分娩。而有特定人格特質的胎兒發出準備分娩的信號，是在回應由外星事件決定的微妙重力。經由這種精心闡述的解釋，就連心存懷疑的人也可能混淆，回應可能從「不可能」變成「這樣啊」。

知識的假象或許有助於解釋，為什麼某些陰謀論歷久不衰。李・哈維・奧斯華（Lee Harvey Oswald）之所以暗殺約翰・F・甘迺迪[9]（John F. Kennedy）是因為他是CIA（中央情報局）探員的論點乍聽也許牽強，但若補充額外的解釋，比如CIA特別關注這位總統處理共產主義的方式——好像就比較可信了。就像據匿名者Q（QAnon）的說法：川普總統一直暗中對抗藏身幕後的「深層政府」，這是一個由邪惡戀童癖和食人者組成的陰謀集團，這個組織正是源頭：「Q」的高階安全許可讓他得以一睹深層政府的內部運作。當然，以上都不是事實，但Q藉由不斷噴灑組織黑話所營造的知識假象，已取信不少人。

## 不相干的事情引發假象

第三種流暢效應是其中最陰險、最不理性的。我到目前為止描述的效應，是人感覺到「眼前事物運作流暢」所引起的，那會使我們低估執行事務的難度。某些原本不被接受的主張，只要敘述其背後的根本機制，似乎就變得較容易接受了——就算「事實」本身沒有改變。除此之外，我們的判斷力，也可能因為風馬牛不相干的事情所產生的流暢效應，而遭到扭曲。

例如，一項研究檢視「股票名稱」會不會影響民眾對其表現的期望。沒錯，

9. 一九六三年十一月二十二日星期五下午十二點三十分，時任美國總統的甘迺迪在經過德克薩斯州達拉斯的迪利廣場時被李・哈維・奧斯華槍殺。

就連名稱也有流暢效應。研究人員先使用虛構的名稱，一組容易發音（Flinks、Tanley），一組較不容易發音（Ulymnius、Queown）。雖然參與者沒有獲得其他資訊，他們仍會判斷名稱較容易發音（即流暢）的股票會漲，較不容易發音（即不流暢）的會跌。

他們也檢視了真正的股票名稱（例如南太平洋鐵路公司〔Southern Pacific Rail Corp〕和廣深鐵路公司〔Guangshen Railway Co〕）。容易發音的股票確實表現得比不容易發音的股票好；如果你投資十支名稱最流暢的股票和十支名稱最不流暢的股票，在交易一天、一星期、六星期和一年後，流暢組的獲利分別比不流暢組高出一百一十三、一百一十九、兩百七十七和三百三十三美元。

有些讀者或許認為，這純粹是因為對於在美國股票市場交易的民眾來說，名稱不好唸的公司聽起來比較像是外國公司。所以在最後的研究中，研究人員也探討了三字母簡寫的股票代號好不好唸。例如代表KAR Global的KAR，跟單字一樣易讀，其他像是代表惠普（Hewlett-Packard）的HPQ則不然。令人驚訝的是，不論在紐約證券交易所或美國證券交易所，代號好唸的公司績效明顯優於代號不好唸、不流暢的公司。股票代號的相對流暢性顯然跟公司表現毫無關聯——那太武斷了，但投資人確實較青睞代號發音像單字一樣好讀的公司，勝過代號不容易發音的公司。

假如你沒有追蹤股票市場，那讓我們聊聊網路搜尋形成的一種鬼鬼祟祟的流暢效應。今天，你什麼都可以 google。但容易取用專業資訊所造成的負面影響，是引發過度自信；讓人自以為比實際情況更有知識，就算是他們沒有 google 過的主題也一樣。

一項研究請參與者回答「為什麼會有閏年？」和「月亮為什麼會有陰晴圓缺？」等問題。半數參與者可以上網搜尋答案，另一半則不被允許這麼做。接下來，在研究第二部分，所有參與者接獲一組新的問題，例如：「是什麼引發南北戰爭？」和「為什麼瑞士起司上面有洞？」這些問題與研究第一部分所問的問題無關，所以用過網路的參與者毫無優勢。你可能以為這兩組參與者對自己能否回答新問題同樣有把握或沒把握。但在第一階段使用網路的人，會認為自己的知識比沒使用的人更豐富，甚至包括他們沒有 google 過的問題。就算用過的是毫不相干的資訊，也足以令他們在智力上自我膨脹。

## 流暢效應的適應作用

就算我理解流暢效應，有時我也會落入它的魔掌。有一次，我花了四十分鐘看了一段教人如何梳理長毛狗的 YouTube 影片。在我又花了四十分鐘試著梳理我漂亮的哈威那犬卻徒勞無功後，我證明美國犬業俱樂部（American Kennel Club）的說法並不正確：「不管你給哈威那弄什麼髮型，牠們都一樣可愛。」

我也很容易上園藝型錄的當。每當我看到那些照料得無懈可擊的園子，特別是菜園，雖然我沒有一畝地，我還是會訂購足以種滿一畝地的種子，用特殊的室內燈讓它們發芽。而雖然花了那麼多時間金錢，我卻沒什麼可以拿出來說嘴的。去年我收成了整整四條辣椒、做了三回羽衣甘藍沙拉。可是型錄裡看起來好簡單歟！

我教導和研究「認知偏誤」已超過三十年，但還是會被 YouTube 上寵物美容師毫不費力、流暢無比的示範，和生意盎然、光鮮亮麗的菜園照片所騙。

學習認知偏誤的目的不就是為了能辨識偏誤、避免偏誤嗎？我已經是這方面的專家，為什麼我還是無法免疫呢？

答案是：就算我們已深入了解，我們仍然容易受到認知偏誤影響，因為認知偏誤大多（或許全部）是演化數千年的強大適應機制的副產品，能幫助我們這個物種存續，我們沒辦法隨便關掉它。

流暢效應衍生自認知心理學家所謂「後設認知」（metacognition）的規則，這種規則簡單明瞭，意思是你知道自己知道什麼，就像你知道你會游泳，或知道何謂固定利率房貸。後設認知是認知非常重要的成分。要是你不會游泳，你就知道就算你需要在大熱天涼快一下，也千萬別跳進水很深的池子。要是「固定利率房貸」聽來陌生，你就知道你必須在簽約仔細了解一番。後設認知引領我們的行動：當我們知道自己知道什麼，我們就明白該避免什麼、尋找什麼、要不要一頭栽進什麼，沒有後設認知，我們就沒辦法活下去。

後設認知最實用的提示之一，是熟悉、輕鬆、流暢的感覺。對於我們知道的人事物，或我們會做的事，我們會有熟悉感。如果我問你認不認識約翰·羅伯森先生，你可能回答認識、不認識或可能認識，這取決於那個名字聽起來有多熟悉。當你發現自己來到某個外國的租車行，只有手排車可以借，你可以依據你對左腳踩離合器、右手換檔這件事有多熟悉，來判斷自己是否還記得怎麼開這種車。

但熟悉只是一種「捷思法」（heuristic），是一種經驗法則，一種不花太多力氣找出夠好答案的應急方式。例如，要判斷一個人買得起什麼樣的房子，眾所皆知的評量法則是「28%房貸原則」：你每月的房貸支出不應超過稅前所得的28%。捷思法不保證是完美的解決方案。28%原則也只是概略的指引，你買不買得起某間房子，最終得取決於許多其他因素。同樣地，運用熟悉或流暢的程度來做後設認知判斷，只是一條捷徑，用於我們無法有系統地確認自己知道什麼的情境下。我們不可能每一次都像「判斷自己會不會游泳」那樣去測驗，只好仰賴熟悉感。

問題在於，多數時候對我們有利的捷思法，有時卻會製造混亂。在前面的例子中，看了月球漫步影片二十遍的人，可能變得對月球漫步非常熟悉，而那種熟悉或流暢感，可能會使他們誤以為自己知道怎麼跳月球漫步。同樣地，播種、施肥、灌溉，而後收成肥美可口蔬菜，這個過程很容易想像，但卻會造成你擅長園藝的錯覺，就連教認知偏誤的教授也難以倖免。

雖然流暢或熟悉的捷思法有時會使我們誤入歧途，那仍是非常有用的工具，提醒我們自己確實知道什麼。這很可能就是人類變得如此仰賴它的原因——因為後設認知的好處，勝過它偶爾造成的假象使我們付出的代價。好，如果這聽起來深奧又抽象，為了讓它更具體，我們仔細探究一番，比照諾貝爾經濟學獎得主丹尼爾．康納曼（Daniel Kahneman）在名作《快思慢想》（*Thinking, Fast and Slow*）中的做法，援用一個著名視錯覺的類比。

我們雙眼所見世界的影像，是投射到名為「視網膜」的平面螢幕上，那是位於眼球後方的一層對光敏感的組織。因為視網膜是平的，我們大腦透過它接收的影響是二維空間。這裡的難題是，世界是3D的。要感受3D的世界，我們大腦裡的視覺系統會利用各種提示。一種稱為線性觀點，也就是平行線看似會在遠方交會，如圖所示。每當我們見到兩條直線往某個消失點交會時，我們的視覺系統會自動推定，較接近消失點的物體（圖中的線段A），距離我們一定比位於前景的物體（圖中的線段B）來得遠。既然我們知道離我們較遠的物體看起來會比較小，所以如果我們在採用線性觀點時見到兩條一模一樣的水平線段，我們的視覺系統會推測接近消失點的那一條一定比較長。事實上，線段A和線段B長度完全一樣，但我們的視覺系統會「以為」A比實際長度來得長。這就叫龐式錯覺（Ponzo illusion），以率先提出論證的義大利心理學家馬利歐·龐佐（Mario Ponzo）來命名。你可以用尺或手指測量：A和B確實一樣長，但就算如此，你以後還是會覺得A比較長。這種認知錯覺，一如流暢效應，在你理解它們是錯覺後仍可能維持下去。

有人說，我們應隨時減少我們的流暢感，以免變得過度自信，但這種

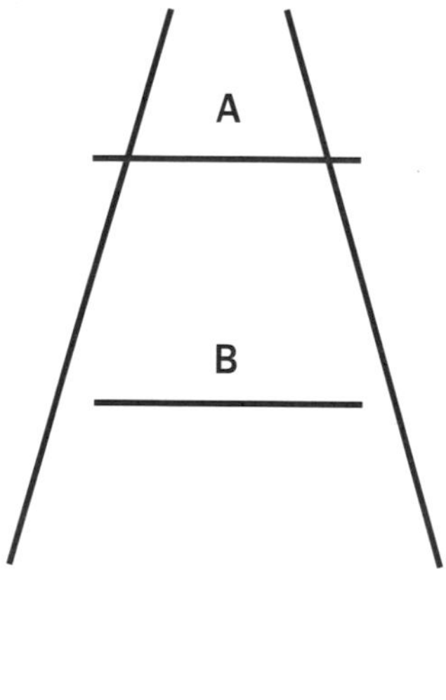

說法就跟：「我們該停止使用線性觀點，儘管會感覺世界是平的，以便克服龐式錯覺」一樣荒謬。「錯覺」是由我們的認知系統已適應的種種線索和方法而生，為的是引領我們航行於這個充滿不確定且有無限可能的世界。顯然，如果引發龐式錯覺的系統也讓我們能夠感受世界的3D結構，與龐式錯覺共存就是值得的。同樣地，能夠憑藉流暢感來判斷我們知道或不知道的事，對我們也比較好，就算它偶爾會害我們走錯路。

「視錯覺」的類比到此為止。視錯覺很少真正釀成傷害，但欠缺充分證據的過度自信，卻可能對現實生活造成嚴重影響——遠比害一隻哈威那犬暫時毀容，或浪費比去超市購買高五十倍的成本，才得到四條辣椒來得嚴重。你可能因為準備不周而搞砸原本可能改變一生的提報，或是因為高估股票名稱易讀的重要性，而失去一輩子的積蓄。你也可能因為對匿名者Q所說的故事深信不疑而闖進美國國會大廈[10]。

10. 係指二〇二一年美國國會大廈襲擊事件，二〇二一年一月六日，兩千至兩千五百名的川普支持者衝進了美國國會大廈，擾亂正在進行的計票及總統選舉認證，衝突的結果導致五人死亡，超過一百四十人受傷。

但僅僅是了解流暢效應確實會發生且確實有害，是不夠的。這就像一個人增加了無謂的體重：因為我們的身體天生讓我們渴望食物（這有充分理由），我們不能只是覺得我們該少吃點，而必須進一步運用具體的策略來抗衡那股渴望。所以，我們真的有可能無視根深柢固的後設認知，避開流暢效應嗎？答案是肯定的。

## 試試看

流暢效應固然源自我們認知系統的適應力，但這不代表我們無力加以克服。有一個簡單的解決之道，就是透過「親身嘗試」來讓任務沒那麼順暢。在當眾發表前大聲朗讀你的提報；先試烤一塊舒芙蕾，再邀請未來的岳父共進晚餐；先對著浴室鏡子高歌〈I Will Always Love You〉，並在公司節慶派對上於老闆面前表演。你不需要其他人的回饋就能破除假象，因為你自己就會給自己回饋。我不相信當年在李文森禮堂台前跳舞的那十位學生，有哪一位現在仍然相信自己不需要練習，就能順利跳完一段 K-pop 固定舞步。

「親身嘗試」或許是看似再明顯不過的解決途徑，但令人訝異地，真正付諸實行的人卻不多。有些人以為他們在腦海裡把流程跑幾遍，不運用身體肌肉，就算是親身嘗試了。在腦海想像那些舞步或對客戶提報，只會加深錯覺。在你心裡模擬的每一件事都會運作順暢，使過度自信變本加厲。你必須真正逐字寫下你要報告的內容，用你的舌頭和聲帶大聲唸出來；必須用你自己的手、腳、臀部來執行舞蹈的每一個動作。

排練不僅對於獲取技能至關重要，我們常對於我們擁有的知識過度自信——認為自己知道的比實際來得多。一項研究證實，詳盡說明自己的知識可以減少過度自信，就算沒有人給我們回饋。研究首先邀請參與者評定他們認為自己有多了解各種事物的運作方式，例如馬桶、縫紉機和直升機。每題都分成七個等級，1是「完全不知道」，7是「一清二楚」。馬桶、縫紉機、直升機，你分別會給自己打幾分呢？我們都很熟悉這些物品，也見過它們的零件運作。就算我們沒辦法從頭打造那個物品，我們也約略知道它們是如何運作，以及具備何種功能；其中，我們尤其知道怎麼沖馬桶。在這項研究中，一般參與者大多給自己中間的分數，也就是4分左右。這乍看或許算不上過度自信，但其實已經是過度自信了，而且是由流暢假象引起的。

你不妨親自求證，這一次只挑選一樣物品，就挑直升機好了，請寫下或大聲說出它實際的運作方式，按部就班。現在請給自己打分數，你有多了解直升機的運作呢？多數被要求像你剛才這麼做的參與者，對自己的知識便明顯不再那麼有把握了。試著解釋自以為知道的事，就足以讓他們了解自己知道的遠比自以為的少。你可以比照這項研究再進一步：參與者會被詢問像是這樣的問題：「直升機如何從原地盤旋變成向前推進？」聽到這樣的問題，參與者會變得更謙遜。

不幸的是，這一類的事實查核也會在工作面試**期間**發生。你知道面試官一般會問應試者哪些問題：「你為什麼要應徵這份工作？」、「你有哪些優缺點？」你以為自己知道該怎麼說。假設主考官問你：「你有哪些優點？」你很高興他這麼問，因為你早準備好要回答，你的優點是組織能力。然後主考官進一步刺探你，問：「可以舉幾個例子嗎？」突然你腦袋一片空白，只想起來前一次你把香料罐按字母順序排好。接著他們又提出像這樣的問題：「那對**這份**工作有什麼幫助呢？」於是你明白你不會有找到答案的機會，因為你不會獲得聘用。

詳盡羅列實際問題可能的答案之所以重要，是因為你可以把你的反應客觀化。只要把答案寫出來，就可以假裝那些是別人的，藉此判斷你會不會給那人工作。你也可以錄影，我知道，我明白——看自己的影片是何等痛苦的一件事。但在握有決定權的人見到之前，先看看你自己可以多妥善地處理那些問題，絕對會比較好。

除了增進提報、面試工作的技巧，和避免在派對出糗等個人效用，減少過度自信也對整個社會有益。一項研究顯示，這可以避免政治往極端發展，很多人都對各種社會議題有強烈的觀點，諸如墮胎、福利、氣候變遷。但不幸的是，在有人要求我們解釋之前，我們可能不明白自己的了解有多薄弱。

在這項研究中，主辦者向參與者提出多種政治政策，包括對發展核武的伊朗實施單方制裁、提高社會安全退休年齡、針對碳排放建立總量管制與交易制度，以及實施全國單一稅等等。參與者被要求對每一項政策發表立場，也就是支持或反對得有多強烈，然後評定自己有多了解每一項政策的衝擊。

接下來，一如先前有關直升機的研究，參與者要把那些衝擊寫下來。寫完，再重新評定自己對那項政策有多了解。也跟前面一樣，他們的自信降低了。只不過必須用文字說明自己知道什麼，他們便明白自己的了解有多淺薄。到目前為止，這裡和直升機研究的結果大致相同。

但令人驚訝的，是實驗的最後一部分。研究最後，參與者被要求再評定一次對每一項政策的立場。結果，隨著過度自信遭到削弱，他們的立場也變得比較溫和。知識假象粉碎得愈多，他們就變得愈不極端。值得強調的是，他們的觀點變得溫和並不是因為聽到相反的議論。他們只不過稍微自我闡述而已。

那就是為什麼對社會來說，和意見不同的人對話非常重要，我們很容易受到意見相仿的人吸引，倘若一直待在同溫層，我們不會討論我們支持的政策會造成什麼衝擊，因為我們想當然耳地認為，我們的盟友已經知道那些了。唯有在不得不向觀點不同的人解釋我們所持立場所造成的後果時，我們才會開始看出我們知識的漏洞和推論的瑕疵，並努力去修正它。

## 沒辦法試試看的時候：規劃謬誤

可惜的是，在很多情況下，不允許我們透過親身嘗試或明確闡釋我們的知識來抑制過度自信。這種情況我們可以用「規劃謬誤」（planning fallacy）來解釋。

我們常低估完成某項任務所需花費的時間和心力，那就是我們常趕不及截稿期限、預算超支，或在完工前氣力耗盡的原因。規劃謬誤最惡名昭彰的一例發生在興建雪梨歌劇院的時候。一開始預算抓七百萬美元，最後卻花了一‧〇二億蓋了縮小版，而且比原先預估多花了十年才完工。丹佛國際機場則是超出預算二十億，也比預估時間多花十六個月，有人指出，這就是這個工程背後會有那麼多陰謀論的原因。其中一種陰謀論說，之所以會花那麼久時間興建，是因為要挖一大片秘密地下碉堡網，讓富翁和政客可在世界末日來臨時藏身避難。另一種陰謀論則跟外星人有關[11]。這些論點是如此風行，

11. 一些陰謀論者認為地下掩體隱藏了外星人或蜥蜴人存在的證據。

使機場儼然成為一座陰謀博物館。話說回來，新英格蘭人若忽略了波士頓的「大開掘」（Big Dig）公路工程，就有失公道了——那項工程超出預算一百九十億美元，也比原訂計畫多花十年才竣工。

「規劃謬誤」不僅適用於工程案。獨立國際資訊技術（IT）研究顧問公司史丹迪希集團（Standish Group）曾針對各種專案提出年度報告。你可能以為IT人士知道怎麼援用過去的資料來精準地預測未來。但根據史丹迪希的報告，二〇一一到二〇一五年，美國IT專案的成功率（成功的定義是所有必要項目皆按時按預算完成）在29%和31%之間徘徊。半數專案都出現延遲、超出預算，或有必要項目遺漏；17%到22%的專案就是失敗，而且數字沒有提升跡象。

規劃謬誤有好幾個成因。其中之一是我們的「一廂情願」：我們希望計畫盡快完成、不必花太多錢，而這些心願都會反映在我們的計畫和預算上。

承認這點也很重要：相當大程度上，規劃謬誤是一種源於流暢假象的過度自信。規劃的時候，我們傾向於僅聚焦在計畫**該**如何運作、必須做哪些事情來讓計畫成功。當你在心裡勾勒那些過程時，它們全都運作順暢，這也助長了過度自信。

一項檢視規劃謬誤的研究既充分揭露這種動能，也教會我們，如果我們想要避免規劃謬誤，就**別**做哪些事。研究人員請參與者估計他們要花多久時間完成耶誕採購。參與者平均預估自己能在十二月二十日之前完成。結果卻成了規劃謬誤的例證，因為參與者平均要到十二月二十二、三日才會完成。

要避免屈服於規劃謬誤，事先擬定具體、詳盡的計畫似乎是個好主意。所以研究人員指導另一組參與者，為他們的耶誕採購寫下按部就班的計畫。例如，參與者可列出家族成員，以及可能要送每一個家人哪些禮物；也可以選定要在哪一天進攻哪家購物中心，並打算在那裡為名單上的每一個人尋找什麼。這樣的計畫看來確實可行，但真能更準確地預估要花的時間嗎？恰恰相反，這些參與者表現出更糟糕的規劃謬誤；多數人以為自己能在耶誕七天半前完成購物，比未擬定逐步計畫的參與者還早三天。但平均而言，他們也是在十二月二十二、三日完成。

擬訂按部就班的計畫為什麼反倒使規劃謬誤更加惡化？這是因為他們擬訂的計畫營造了這樣的錯覺：他們以為自己的購物會一帆風順、毫不費勁，就像《麻雀變鳳凰》（*Pretty Woman*）裡茱莉亞・羅勃茲（Julia Roberts）一樣，不到半天就買齊所有完美又合身的服飾，或像《獨領風騷》（*Clueless*）裡艾莉西亞・席薇史東（Alicia Silverstone），買完東西還能妝容完好地扛著兩個巨型購物袋輕鬆沿街行走，彷彿那些東西都毫無重量。

儘管如此，這不是說我們不該提出按部就班的計畫。將任務分解成數個小步驟，並一絲不苟地為每一步驟設定期限，是計畫的一大重點，特別是比節日採購更複雜的任務。一項不同的研究顯示，當任務被分成較小的子任務，就能稍微減少規劃謬誤。分解一項任務可以迫使人們了解，事情不像他們想像的那麼簡單。不過我們也要注意，這也可能營造流暢的假象、讓我們自我膨脹、以為一切盡在掌控之中，使得規劃謬誤變本加厲。

我們要如何抗衡那種假象呢？我曾在前文中提及，要減少流暢引起的過度自信，我們可以親身嘗試。偏偏克服規劃謬誤的難題就在：有些規劃是**沒辦法**嘗試的。我們沒辦法練習耶誕採購，更遑論蓋歌劇院。但我們**可以**做的是，藉由考慮潛在的阻礙，來讓心理模擬沒那麼順暢。有兩個類型的障礙可以考慮，而其中一類比另一類更容易被心智接受。

我們比較容易設想的，是與手邊任務直接相關的障礙。就節日採購而言，耶誕前的那個週末一定會塞車；你覺得超適合你祖母的那件豹紋喀什米爾羊毛衫，店家可能會賣完，這種與任務有關的障礙都該在規劃時納入考量。

會被忽略的，往往是與任務無直接關係的阻礙，例如感冒、貓走失、熱水器漏水、兒子扭斷腳踝等等。這種預料外的突發狀況是難以先做打算的，因為可能性太多太多了。另外，就算你記得你兒子去年剛好在耶誕採購週扭斷腳踝，害你得在急診室耗一整天，你也不會預期今年會再發生一次。

預料外的事件是已知的未知，對於人生，我們唯一能確定的就是無常。我們就是不知道會發生什麼事。我自己的解決辦法（不是基於科學實證，而是得自親身經歷的無數次規劃謬誤）很簡單：永遠在原先預估的時間上加50%，比如當我跟共同研究者說我可以用三天把稿子看完時，實際上我覺得我兩天就看得完，這個策略對我而言成效卓著。

## 樂觀與流暢效應

在思索可以如何避免流暢效應的同時，討論可能強化流暢效應的事情也很重要，而其中之一就是「樂觀」。樂觀好比流暢效應的機油：讓一切看來運作得更順暢。一旦感覺樂觀，我們就會閉上眼睛，不去看潛在的挫折和阻礙。

不過，一般而言，樂觀是好事。樂觀可以減輕壓力、讓我們感覺快樂一些。快樂、壓力小，能促進我們的身心健康，或許正因如此，樂觀的人比較長壽。樂觀不僅對我們健康有益，也是人類存續所不可或缺的；我們都知道人終將一死，所以如果不對未來抱持一點樂觀，就無法刺激自己追尋任何事物。

有人主張，樂觀在競爭環境裡別具優勢。假設湯姆和傑瑞是商業對手，老是競標同樣的工程案。傑瑞的公司比湯姆小得多，湯姆的出價幾乎一定比傑瑞高。要是傑瑞不保持樂觀、老是受制於這個客觀事實，他乾脆放棄算了。但如果傑瑞保持樂觀，他至少可以藉由追求湯姆不感興趣的案子，為自己掙得一席之地。

基於這些理由，一如幾項針對鳥、鼠等非人類動物進行的研究所證實，我們可能天生就具有某種程度的樂觀。在一項研究中，教會歐洲椋鳥一旦聽到時長兩秒的聲響，就該壓下紅色控制桿取食物；聽到時長十秒的聲響，就該壓下綠色控制桿取食物。如果他們壓錯桿，就得不到任何食物。另外，研究人員讓紅桿比綠桿更具吸引力：壓紅桿會立刻得到食物，壓綠桿則要稍作等候。沒有鳥喜歡等待。當鳥學會這些關聯性後（這些小東西做得到！），實驗者又增加一項迂迴測試：他們播放中間長度的聲響。鳥兒會怎麼做呢，會壓紅色還是綠色的控制桿呢？鳥是樂觀的。聽到意義不明的聲響，牠們壓了紅色控制桿，也就是會給牠們更好選項的那支。

因為樂觀是多數人的預設模式，所以很容易使流暢效應雪上加霜，形成盲目的樂觀。務實的樂觀是你說「杯子有半滿水」，或「船到橋頭自然直」。盲目的樂觀是你否認「杯子是有一半空著」，甚至否認自己人在隧道裡。盲目的樂觀有個史上留名，至今仍令人心有餘悸的例子，是美國在COVID -19爆發之初關鍵幾星期內的處理方式。當時，政府沒有採取任何聯邦層級的措施來遏止疫情蔓延。有人相信病毒會在陽光較強、氣溫上升後的春天神奇消失。因為封城、檢疫、沒有演唱會、沒有假期、沒有餐廳超過一年的世界實在令人難以想像，也因為在流感季節後，想像一個正常的四月比較容易，很多人陷入盲目的樂觀，而那本來是不是可以避免的呢？

一個證明能有效阻斷盲目樂觀的辦法，是讓人回想過去類似的案例，並認真地將過去的教訓應用於當前情況。光是回想類似的經歷就非常有用，但仍然不夠。就算有注意到類似的案例，我們仍可能視若無睹，說：「噢，這一次不一樣。」、「我上一次學到教訓，不會再重蹈覆轍了」等等。剛面臨COVID-19時，很多人拿它跟一九一八年的疫情（西班牙流感）做比較，但那一波疫情帶給世人的教訓卻很容易遭到漠視——「現在我們的醫學知識先進多了，何況那是截然不同的病毒。」就算已經看到中國發生的狀況，我們仍不由得想：美國不一樣，彷彿叫它「中國病毒」，我們就能免疫似的。

這個例子闡明了為什麼如果我們僅著眼於「這次哪裡不一樣」，回想類似案例是不夠的。要避免找藉口、淪為盲目樂觀的誘惑，我們必須假設當前情況與過去情況一模一樣，依過去情況擬訂計畫，做出預判。以COVID-19為例，我們應該假設這種疾病會像它在武漢蔓延的情況那樣，在紐約、洛杉磯或世界任何地方擴散開來，參照數據的預估比基於直覺或一廂情願的預言準確。

## 總結：整修我的家

在結束這一章之前，讓我們聊聊我的住家改建計畫，以及可以怎麼用我們剛剛討論過的內容，來讓計畫更完善。我們家屋齡快一百年了，卻毫無老房子的魅力；我們買下它是因為地點絕佳。它的窗子有一半不是開了會自己關上，就是根本開不了。浴室還留有一九六〇年代的特色（塑膠和油氈——再別致的浴簾或浴巾也遮不掉）。好幾片原始壁板已被狂風吹落，成為我們園子的護根層。因疫情天天關在家裡一年半以後，我最討厭的東西就是那莫名其妙把客廳一分為二的半堵牆，我們決定打掉它。

我和外子都不大了解怎麼保養一間房子。二十五年前，我們一起買下我們第一間屋子時，我們還問原屋主下雨時該拿外推窗怎麼辦；我們擔心那些華麗的木框會壞。原屋主，也是房子的建造者說：「關起來啊。」他一臉緊張，好像不敢把房子賣給我們似的。然而，綜合我在這一章說過的，我對於整修之事缺乏信心，反倒成了莫大的優勢。

雖然打掉客廳那半堵牆看來是件只需動用大槌的簡單事，這卻可能又是流暢效應的例子——打掉它，樓上的主臥房也沒有了。我也為次浴室挑選了看似不會太難營造空間的極簡風格——極簡主義（minimalism）的定義就是簡單。但許多整修專家建議，承包商預估的時間和預算，你要多抓50％，所以我們這麼做了。因為換了窗子，承包商可能會發現壁癌、發霉、蜂窩和其他種種我不肯相信存在於我的屋子裡，卻必須預作準備的事物——包括心理準備和財務準備。前一次整修也教會我，我不能放承包商一個人太久，因為他會自己發揮創意做些調整。這一次，我會緊緊盯住承包商。整修這棟房子絕對不像翻閱《建築文摘》（*Architectural Digest*）那麼簡單，但隧道盡頭終有光。

# 02

# 確認偏誤

## 為什麼一心想做對時偏會出錯

最近一天下午，我正在辦公室裡完成一些工作時，接到曾指導過的學生畢絲瑪（不是真名）打來的電話。她也上過我的「思考」課，表現優異。電話裡她聽起來很生氣，因為她平常不是容易動怒的人，我放下手邊工作，專心聽她講。

她告訴我她去看了新的醫生，剛離開診間。畢絲瑪從高中開始就有神秘離奇的健康問題。她只要吃東西就會反胃，尤其是早上；有時甚至作嘔到暈過去。所以她骨瘦如柴。醫生排除了眾多常見的疑症，例如乳糜瀉、潰瘍、胃癌，但就是無法判定她的症狀從何而來。她告訴我，她會去看這位新醫生是因為她準備前往尼泊爾和約旦一學期，需要重開她的抗噁心藥物處方箋。那位醫生客氣地聽她描述症狀。然後他問：「妳喜歡吐嗎？」

畢絲瑪明白他懷疑她得了厭食症，這讓她猝不及防，因此無法確切回想之後的對話內容，不過據她所重現，對話大意如下：

畢絲瑪：不喜歡，我不喜歡吐。

醫生（心想，**她當然會否認她的問題**。）：妳喜歡吃東西嗎？

畢絲瑪（懷疑世上有哪個像她一樣患有慢性消化問題的人會喜歡吃東西）：不喜歡。

醫生（心想，**那就對了，我就是懷疑那個，我們有進展了**。）：妳想自殺嗎？

畢絲瑪：不想！

對話進行到這裡，畢絲瑪已經氣到走出診療室了。醫生想必會把她的反應詮釋成情緒激動的否認，因而對自己的診斷更深信不疑，認定她不只是跑出他的診間，也逃避自己的問題。他跟著她來到候診室，當著其他病人面前對她大叫：「回診間！妳的問題很嚴重！」她直接衝出去到她車子那裡，打電話給我。

畢絲瑪還是出國進行海外研究計畫了，但在學期中計畫卻因 COVID-19 取消了。在她不在國內的兩個月間，她的症狀消失了。沒有人確定到底是什麼使她嘔吐和體重減輕，但畢絲瑪現在認為，她很可能是對美國某種東西過敏，在她遠離過敏原的那段時間，她的免疫系統平靜下來。我們可以確定的是，她始終沒有接受厭食治療，而在全球疫情爆發、大三學年計畫中斷後，她的壓力當然不可能減輕。

現在我們知道，那位醫生的厭食診斷是錯的，而我們也看得出來，他為什麼對他的診斷那麼有自信。畢絲瑪骨瘦如柴；多數引發症狀的常見因素已被排除；她告訴醫生她不喜歡吃東西；她還表現出異常堅決否認潛在心理問題的態度。那位醫生偏離正軌的原因在於，他只問她能證明自己的懷疑無誤的問題，而且是以先射箭再畫靶的方式問，不管她怎麼回答都一樣。

## 華生的「2—4—6」習題

請試試這個問題：我要給你一組三個數字的數列。這個數列是由一個簡單的規則決定，而你需要找出規則。請記得，規則與數列有關，也就是三個數字之間的關係。你可以先套用你設想的規則，舉出包含三個數字的數列。你每提出一個數列，我都會告訴你那是否符合規則，你想試多少組都可以，當你確定你已經找出我的規則，請告訴我。然後我會讓你知道那是不是我用來生出我的數列的規則。

準備好了嗎？這三個數字是：2、4、6。

你要測試哪三個數字呢？讓我描述一下這場實驗一般會發生的狀況。假設我是實驗者，有位名叫麥可的學生來試。他提出4、6、8，而我告訴他，他的數列符合規則。他認為他猜中了。「也太簡單了，」他說。「規則就是偶數加2嘛。」我告訴他，他錯了。

於是麥可修正假設。「好，沒關係，」他想：「或許不一定要偶數，而是任何數字加2。」以此想法為傲，他測試了3、5、7，希望我給他肯定的答案。確實，我說「符合。」為慎重起見，他又測試13、15、17，也得到「符合。」所以，他得意地宣布：「任何數字加2！！！」我告訴他規則也不是這樣。麥可的SAT測驗數學滿分，所以這對他是不小的打擊。他又試了：

麥可：-9、-7、-5。

我：符合。

麥可：嗯～～～好，那1004、1006、1008呢？

我：符合。

麥可：天啊，怎麼可能不是任何數字加2？

麥可的反應，正是彼得．華生（Peter Wason）知名2—4—6實驗中，多數參與者的反應。麥可先做了假設，再蒐集能證實假設為真的證據加以測試。確證資料是必要條件，但非充分條件，因為你也需要證明你的假設有誤。為便於向你說明該怎麼做，讓我們從頭看一遍我說過符合規則的數列：

2、4、6

4、6、8

13、15、17

-9、-7、-5

1004、1006、1008

事實上，可套用在這些數字上的規則有無數種。位數相同的數字加2。大於-10的數字加2。大於-11的數字加2。以此類推。

我們沒辦法每一個假設都拿來測試，但重點是，既然有那麼多規則可用來解釋眼前的數據，只考慮率先浮現腦海的假設，是無法讓你找出正確答案的。

延續這樣的思考模式，麥可決定試試另一套規則：「等差級數。」為證明原有的假設為非，同時測試替代方案，他給了我3、6、9。我說符合。

麥可：我懂了。那4、8、12呢？

我：符合。

麥可（用絢麗的公式證明他不是呆瓜）：好，我確定是「X＋k」，X是任意數，k是常數。

我：不對。

麥可現在該做的，是再次挑戰他的假設，備受挫折的他隨便說了一個數列。

麥可：那4、12、13呢？

我笑了笑，告訴他符合——這符合我的規則。

麥可：什麼？？？

那是關鍵的一試，違反他當時測試的假設。麥可思索了一會兒，說：「5、4、3？」

我搖搖頭。那個數列不符合規則。

麥可這會兒謙遜多了，怯生生地說：「規則可能是由小到大的數字嗎？」

我說：「沒錯！就是這樣。」

## 確認偏誤

彼得．華生是倫敦大學學院的認知心理學家。他在一九六〇年設計出著名的「2－4－6」習題，率先以實驗闡明他所稱的確認偏誤——我們傾向於確認我們已經相信的事情。在那個年代，幾乎所有推理心理學家都想當然地認定人類是合乎邏輯且理性的。可能如你所料，身為創造「確認偏誤」一詞的心理學家，華生破除了這種常有的信念。

在華生的第一次「2－4－6」實驗中，只有大約五分之一的參與者，在未提出任何錯誤規則之前找到正確的規則。華生很驚訝，好多人沒辦法解答這個看似簡單的題目，他認為問題可能出在實驗結構上，因而想方設法加以修正。當實驗在哈佛捲土重來，參與者被告知他們只有猜一次的機會。他希望這能強迫他們不要心急。但就算如此，仍有73％的參與者猜到不正確的規則。

有些人甚至反抗、堅持：「我不可能是錯的，因為我的規則適用於任何這樣的數字」，或「規則是相對的。如果你是受測者，我是實驗者，那我就是對的。」有名參與者沒有宣布任何規則，但碰巧在實驗期間出現精神病症狀——天曉得為什麼，必須趕緊叫救護車送往醫院。還有名參與者提出令人印象深刻的規則：「第一個數字等於第二個數字減2，第三個數字是比第二個數字大的任意數；或是第三個數等於第二個數加2，第一個數是比第二個數小的任意數。」他詳述了五十分鐘，才終於放棄。

記住「2—4—6」習題這回事，現在讓我們重回畢絲瑪看醫生的現場。他診斷她得了厭食症，只問了能確認自己看法的問題。結果，所有證據都變成肯定的：年輕女性、常嘔吐、很瘦、不喜歡吃東西、對於心理疾病的問題過度反應。

然而，一如「2—4—6」習題，與這組證據吻合的解釋可能有無數種。他甚至完全沒考慮另一種極可能的情況：畢絲瑪生了一種讓她嘔吐的罕見疾病，而她受夠了不了解她問題的醫生。要驗證這種可能性，醫生該問她諸如「別人說妳很瘦，妳卻覺得自己很胖嗎？」、「妳覺得飽的時候會讓自己吐嗎？」等問題。畢絲瑪會很高興地回答「不會」，而得到這些證據，醫生對他的初始診斷可能就沒那麼有把握了。

## Evian 礦泉水

有時人們會刻意提出對他們有利的證據來誤導我們，二〇〇四年在英國流傳的 Evian 礦泉水廣告就是一例。廣告主角是個光溜溜的美女，自豪地展現她閃閃發亮的肌膚，身體某些部位被一部腳踏車巧妙地遮蔽。圖片下方寫著一段話：**肌膚這麼美，讓妳好想炫耀啊。有79％每天多喝一公升 Evian 純天然礦泉水的人發現，她們的肌膚看起來更光滑、更潤澤、明顯更年輕**。

這聽起來挺有說服力的，但在你為下一趟海灘之行訂下一箱 Evian 礦泉水之前，請回想一下「2—4—6」習題。規則的範圍顯然遠比麥可等受測者想到的假設來得寬廣；那不是什麼複雜的算式，而是任何由小到大的數字。同樣地，Evian 廣告所引用的研究成果，背後的真相可能是每天多喝一公升的水，**不管什麼樣的水**，都可以造就閃閃發亮、明顯更年輕的肌膚，Poland Spring 可以、Fiji 可以、Dasani[12] 可以，甚至自來水也可以——而且便宜得多。看了 Evian 廣告而未考慮其他可能性的人，就是確認偏誤的祭品，這會使他們認為只有 Evian 可以讓他們看起來更年輕。

## 電梯

還有一種「2—4—6」習題的實際應用，很多讀者一定親身經歷過——電梯的關門鈕。當你快遲到或純粹沒耐心時，你會反覆按那個鈕，直到門終於關閉。然後，如果你跟我一樣，你會深吸一口氣，享受你知道自己省下寶貴幾秒鐘等待時間的滿足感。但你怎麼知道按關門鈕，真的可以把門關上呢？你可能會說，那是因為你每次按那個鈕，門就會關上。但你也知道，就算你不按關門鈕，電梯的門也會關上，因為它們裝有定時器。你又怎麼知道，門是因為定時器還是因為你而關的呢？

拜《美國身心障礙者法》之賜，電梯門必須能維持開啟夠久的時間，讓拄枴杖或坐輪椅的乘客進得來。據國家電梯產業公司（National Elevator Industry, Inc.）同業公會執行董事凱倫・潘納菲爾（Karen Penafiel）表示，電

12. 皆為礦泉水品牌。

梯的關門鈕要到等待時間終了才會起作用。所以，從現在起，你可以在電梯裡消磨好幾秒，一邊等電梯門關上，一邊耐心地思忖確認偏誤的陷阱。

## 妖怪噴霧

多年前，我利用確認偏誤來安慰我的兒子。他五歲時，外子當上耶魯大學某外宿學院的院長，就像《哈利波特》系列裡的葛萊芬多（Gryffindor）或史萊哲林（Slytherin）。我們搬進柏克萊學院院長宿舍，那是一棟大別墅，讓院長一家人居住，也舉辦讓學生參加的活動。房屋裝潢成典型耶魯風格，也就是古老、陰暗、哥德式，掛滿沒有微笑的肖像畫。就像霍格華茲（Hogwarts）那樣。

萬聖節到來，學生為那一年備受期待的派對裝飾屋子，把它變成遍布蜘蛛網、棺材、骷髏等玩意兒的鬼屋。裝飾非常逼真，讓我兒子害怕極了，想搬回我們先前的家。所以我把一個噴瓶裝滿水，告訴他那是妖怪噴霧。我們把它帶到每一個房間讓他噴。從此以後，家裡沒有發現過妖怪。

## 「壞」血

千百年來，人類已集體犯下無數次確認偏誤。放血的習俗是常被援用的恰當例子。從古代到十九世紀末，西方治療者都相信，如果你能取出病人的「壞」血，他們的病痛就會好轉。據說喬治．華盛頓是在治療喉嚨感染時，被醫生抽出一．七公升的血液而喪命。想像一下，兩只酒瓶裝了滿滿的血！兩千多年來我們智慧卓絕的祖先怎會深信不疑，排出大量維繫生命的要素，可能會是有益的呢？在華盛頓出生的時候，他們已經明白地球是圓的，牛頓也已經闡述三大運動定律了，但他們依舊相信放血有奇效。

話雖如此，換成我們置身他們的境況，未必會跟他們不一樣。想像你活在一八五〇年，背痛得要命。你聽說一八二〇年時，英王喬治四世放了一五〇盎司的血，又活了十年，你也聽說放血治好了鄰居的失眠。更重要的是，你聽說整體而言，有四分之三生病的人在放血後好轉（以上數字只是舉例）。這些資料看起來令人信服。所以你試了放血，而你真的覺得比較舒服了。

蹊蹺就在這裡。假設有一百個人生病而**沒去**放血，也會有七十五個人病情好轉。現在你明白了：**不論**有沒有放血，都會有四分之三的人好轉。我們會犯這樣的錯誤，是因為人體多數時候是有自癒能力的。然而人們卻忘了查明**沒去**放血的人會發生何種情況，他們僅著眼於支持性的證據。

## 隨堂測驗

我在教確認偏誤的課堂上，會拿「2—4—6」習題和我在這一章舉過的例子考問學生，下課前還會來個隨堂測驗。其中一道題目是引用自史坦諾維奇[13]（Keith Stanovich）、威斯特[14]（Richard West）和托普拉克[15]（Maggie Toplak）合著之《理性商數：關於理性思考測驗》（*The Rationality Quotient: Toward a Test of Rational Thinking*），或許能闡明要辨識確認偏誤有多難。

一位研究人員對「自尊」與「領導特質」之間的關係深感興趣，抽樣調查了一千名被鑑定為領導力優秀的個人。他發現，其中九百九十位有高自尊，十位有低自尊。在沒有其他資訊的情況下，從上述數據可以得出最好的結論是：

（一）自尊與領導特質之間有強烈正相關。

（二）自尊與領導特質之間有強烈負相關。

（三）自尊與領導特質毫無關聯。

（四）無法從這些數據得出任何結論。

如果你選了（一），那你跟我三分之一學生一樣。（一）不對。我告訴你這些不是為了取笑我的學生。我非常清楚，答錯的學生不乏

13. 加拿大心理學家，多倫多大學應用心理學與人類發展的名譽教授。

14. 英國記者和作家，以其對越南戰爭和南斯拉夫的報導而聞名。曾被譽為二十世紀最優秀的外國記者之一。

15. 心理學家，專長研究發展心理學、認知科學和發展精神病理學。

俗稱的神童、高中畢業生代表、全國數學和辯論比賽冠軍。為了追求4.0 GPAs[16]，他們也有極高的動機答對這題，但確認偏誤威力還是很驚人，就算他們才剛學過。

一如「2—4—6」習題，高自尊與高領導力有關的假設是貌似有理的初步假設，而且看來有99%的數據支持它。所以，那怎麼可能是錯的呢？又一次，問題出在那位研究人員手上沒有任何領導特質不佳者的資料。如果99%領導力不佳者也有高自尊，那我們就不能做出領導力與自尊正相關的結論了。因為研究人員沒有那些資料，正確答案是（四）：你無法從這些數據得出任何結論。

## 為什麼確認偏誤對你有害？

到目前為止，確認偏誤聽起來好像對犯下偏誤的人沒什麼壞處。「2—4—6」習題看似不光明正大，是刻意設計來拐騙人的，因此沒解出問題的人不會為此一輩子灰心喪志。厭食症的誤診傷害了畢絲瑪，因確認偏誤而做出錯誤診斷的醫生也毫髮無傷，依然故我。因為在現實生活中，我們沒有科學家跟著我們，並提供我們的結論是否正確的回饋，顯現出確認偏誤的我們，或許永遠不會發現自己做過多少錯誤的推論。畢絲瑪的醫生搞不好還不知道他給畢絲瑪的診斷錯得有多離譜——除非他讀了這本書。既然犯下確認偏誤的人可能根本沒發現他們的推論有問題，確認偏誤有可能對犯錯的人造成直接傷害嗎？當然會，這既可能傷害個人，也可能傷害整個社會。

## 傷害個人

讓我們先聊聊個人。確認偏誤會讓一個人以不正確的眼光看待自己，情況可能像這樣發展：

我們很多人都想要更了解自己、更確切了解自己在生命及世界的位置。

16. GPA（Grade Point Average）指的是「學業成績平均點數」，GPA 分數介於 0.0-4.0 之間。

我們會問自己諸如此類的問題：「我的婚姻觸礁了嗎？」、「我能勝任嗎？」、「我可愛嗎？」對於我們的性格、智商、情緒商數和「實際」年齡，我們想要明確又客觀的答案。我們對自己有強烈的興趣，使得「你的＿＿透露何種玄機？」之類的心理「測驗」在網路和雜誌層出不窮（空格可填入手寫字、笑、最喜歡的音樂、最愛的食物、最愛的電影、最愛的小說，族繁不及備載）。

假設弗瑞德看到一則網路廣告，上面問：「你有社交焦慮嗎？」弗瑞德很好奇，所以花了一塊九毛九做了測驗，測驗結果說他在社交焦慮方面得分很高，在74％。弗瑞德原本不大相信，但仔細想想，他真的有時會有社交焦慮。前一次幕僚會議中，他沒辦法清楚表達他的想法；他也討厭去雞尾酒會。想起這些支持結論的例子，現在他相信他有社交焦慮了。但一如「2—4—6」習題，他忘了回想不支持的例子——例如在三星期前的幕僚會議上，他一滴汗也沒流便指出現行政策的缺失；或只要不是在雞尾酒會上，他其實是喜歡跟人聊天的。不幸的是，他已經說服自己，相信自己有社交焦慮，因此比以前更積極避開社交情境，這就是所謂自我應驗的預言。

還有一個確認偏誤可能傷害犯錯者的例子，這一次是相當高科技的

DNA檢測。這年頭，透過像23andMe[17]之類的直效行銷公司，基因檔案不難取得。你只要花一百美元就可得到世系報告，再花一百元就可獲得健康體質資訊，例如你是否容易罹患第二類糖尿病或乳癌、卵巢癌等等。有人估計，到二〇一九年初，美國已經有兩千六百萬人購買過直效行銷的基因檢測了。

檢測結果很容易做出錯誤詮釋，或許有人相信，基因決定了我們的一生。基因當然沒辦法決定，因為基因永遠會和環境互動。但就算我們不見得相信基因能主宰命運，確認偏誤仍可能讓我們改寫自己的歷史——只要我們試著按照基因檢測的結果來了解自己。在一項研究中，我和我之前的博士生、現在哥倫比亞大學的助理教授麥特・萊伯威茲（Matt Lebowitz）合作探究了那種可能性。

我們首先召募數百名願意提供住址、收取實驗材料包裹的自願者；我們告訴他們，參與我們的研究可以得到酬謝。他們收到的包裹裡面有如何協助

17. 位於美國加利福尼亞州山景城的一家基因技術公司，其名稱源於人類的二十三對染色體。

我們進行網路實驗的操作說明，以及一只小塑膠盒，盒上標籤印有「唾液自我檢驗：5-氫氧靛基醋酸」、「美國製造」及保存期限。上網提供知情同意後，參與者獲悉，他們將進行測量憂鬱基因傾向的唾液檢測（他們可隨時退出研究，但仍會得到酬謝）。

接下來，他們獲得指示，打開塑膠盒，取出一小瓶漱口水和試紙。他們要先用漱口水漱口、吐掉。他們不知道的是，那瓶漱口水就是普通的漱口水加糖，是我的研究助理調製的。然後，他們要把試紙放在舌頭底下。操作說明告訴他們，試紙會對5-氫氧靛基醋酸起反應，而那可用來偵測重度憂鬱症的遺傳易感性。那張試紙其實是血糖試紙，所以一放到舌下，它就會在他們眼前變色——因為他們剛用的漱口水裡含糖。參與者要點選他們在試紙上看到的顏色，了解那個顏色代表的意義。

就在這個關頭，我們的實驗計畫將參與者隨機分成兩組，第一組被告知他們輸入的顏色不具有重度憂鬱症的遺傳易感性。另一組則被告知那個顏色顯示他們有此傾向。讓我們分別叫他們「無基因組」和「有基因組」。

得知試紙顏色的意義後，參與者要繼續做貝克憂鬱量表第二版（Beck

Depression Inventory II），簡稱 BDI-II。這是已獲充分驗證的憂鬱症量表，會問應試者過去兩週各種憂鬱症狀的程度。例如「難過」一題，題目會給「我不覺得難過」、「我覺得難過」、「我一直覺得難過且無法振作起來」、「我難過且不快樂，我不能忍受這種情形了」等選項。

我們無法確認參與者的回答是否確切反應了他們前兩星期的狀況。我們唯一**可以**判斷的是，既然參與者是隨機獲得兩種基因回饋的一種，沒有理由預期哪一組剛好度過比另一組更憂鬱的兩個禮拜。某些個別參與者或許過得比其他人糟，但這樣的變異應該已被大批參與者的隨機分配給平均掉了。

然而，「有基因組」在 BDI-II 量表的分數，明顯高於「無基因組」。也就是說，儘管他們是經隨機分配而獲得兩種基因回饋中的一種，測量結果顯示，被告知具有遺傳易感性的參與者，在過去兩星期比不具遺傳易感性的參與者憂鬱。「無基因組」的平均 BDI-II 得分為 11.1，歸類為基本上沒有憂鬱（可以接受的正常情緒起伏），「有基因組」的平均分數卻高達 16.0，歸類為正經歷憂鬱（輕度至中度的憂鬱）。

這種偽憂鬱症不難用確認偏誤解釋。一旦獲悉他們有易患重度憂鬱的基因，參與者一定會努力回想他們覺得低潮的時刻，來理解他們的「基因檢測結果」。他們也許會想到某天晚上他們翻來覆去到凌晨兩點才睡著、毫無工作動力的早晨，或那段止不住懷疑人生意義的地鐵旅程。那些支持性的證據必定使他們相信，他們過去兩星期過得很憂鬱——即使實際情況沒那麼糟。

在繼續說下去之前，我想先澄清這項研究的欺騙性質，因為我常被問到這個問題。這個實驗程序是經由與耶魯大學倫理委員會（Institutional Review Board）充分討論才發展出來，委員會會負責監控人類受測者的保護措施。一完成研究，我們會馬上告知參與者受欺騙的事實和研究的科學價值，並提供聯絡資訊，至今我們尚未收到不良反應。一位參與者寫信問我們是用哪個牌子的漱口水，因為市售的每一款她都不喜歡，反而覺得我們的味道真不錯；我們得提醒她那是因為我們加了糖進去。

拜一場不幸之賜，我們又得到一項顯示「確認效應」有多強大的證據。就在我們開始研究後不久，我們接到喬治亞亞特蘭大警方來電，說有人拿了自己收到的可疑包裹過去，而他們在上頭看到我們的聯絡電話。據那位警官的說法，把包裹帶去警局的女性問過家人是誰訂的，沒有人承認。妙就妙在，她說當包裹送達時，她所有的家人都覺得渾身發癢！因為他們相信那個包裹可能含有炭疽病毒之類的有害物質，他們認為會全身發癢是包裹內容物所致。所以，這又是確認偏誤在實際生活運作的例證！

把包裹帶去警局的女性僅浪費一、兩個小時的生命，而那位簽了研究合約又不承認的家人，失去了原本可獲得的十美元酬謝。但一如先前性格測驗的例子，這項研究揭露的確認偏誤類型，闡明了確認偏誤可能造成更嚴重的危害，那就是「惡性循環」。你從一種試驗性的假設開始，而那隨著你只蒐集支持性的證據而變得愈來愈肯定、愈來愈極端，又反過來使你尋找更多支持性的證據。

沒有任何基因檢測或人格測驗可為「我們是誰」這個問題提供明確的解答，這些測驗的結果都是或然性的。可能是因為測驗本身未盡完美，但更重要的是，這個世界就是這樣運作的。例如因安潔莉娜・裘莉（Angelina Jolie）測出陽性、決定進行雙乳切除手術而聲名大噪的BRCA1基因，被視為最能透露訊息的遺傳變異之一：有BRCA1基因，就有60到90％的機率罹患乳癌。但這麼高的預測率極為罕見，因為有太多、太多非遺傳因素和各種交互作用的基因，都會決定實際的結果。同樣地，性格測驗當初之所以發展，是為了應用於職場雇用和心理諮商，並協助我們更了解自己，但也顯現了去脈絡化的資訊；一個人在某項測驗表現得隨和容易相處，一旦換了環境，或執行另一項任務，也許就沒那麼好說話了。

我不是說這些測驗沒用，我自己也打算即刻進行客製化的基因檢測，來了解健康風險，以便能積極應對我可以掌控的人生面向。另外，了解自己與大眾相比是偏外向或內向，或心胸開不開闊，都有助於洞察我的社交互動。

然而，確認偏誤很容易使我們對自己產生更誇張而毫無根據的觀感。一旦我們開始相信自己有憂鬱症，言行舉止就可能變得像憂鬱症患者那樣，對未來深感悲觀、什麼開心的事情都不做——而這會讓任何人感到憂鬱。對個人能力的看法也一樣：一旦你開始懷疑自己的能力，就可能會規避風險，就算那些風險本來可能帶給你更好的事業機會，然後，毫無意外的，最終你的生涯會看來像是你缺乏能力。情況也可能往反方向發展：一個人高估自己，選擇性地記得成就而忘記失敗，最後也會落得狼狽不堪。就是因為容易引發這樣的惡性循環，我相信確認偏誤是我所察覺的認知偏誤中最糟糕的一種。

接下來我們會看到，這樣的惡性循環也可能在社會層次運轉。

## 傷害社會

我們可以從發生在我自己家裡的一個插曲講起。小女一年級時，外子獲頒國家科學學院的楚蘭德獎[18]（Troland Award），於是我們一家人前往華盛頓特區參加頒獎典禮。等待節目開始時，外子和其他數十位來自不同科學領域的受獎人坐在舞台上，我則和兩個孩子，與多位美國最優秀的科學家一起坐在觀眾席。

就在這時，我女兒非常大聲地問我：「**媽咪，為什麼台上男生比女生多？**」雖然我一時啞口無言，我仍深深以她的觀察力為傲。但就在那一剎那，我也覺得難堪——不是因為女兒太大聲，而是舞台上性別失衡的現象如此耀

18. 美國國家科學院頒發的年度獎項，旨在表彰有關意識與物理世界關係的心理學研究的兩名研究人員。

眼，我自己卻沒有察覺。身為科學家，我或許已經習慣見到業界男性多於女性，甚至已不再留意，但在一個對我們的社會沒有任何先入之見的小孩眼中，那卻顯得如此明顯。

當時，我七歲女兒提出的問題，我真不知從何答起，幸好典禮不一會兒就開始了。但我要在這裡給出我晚來的答覆：男性受獎人多於女性的原因不是「**只有**男性擅長科學。」事實跟「2—4—6」習題的答案：「由小而大的數字」很像：男性和女性都可能擅長科學。但關於性別與科學這件事，我們的社會已掉進確認偏誤中。

過去，科學家幾乎都是男性，而被允許在本身領域持續努力的人，多半都能有不錯的成績。因此，我們產生這個盛行的觀念：男人擅長科學。女性少有機會能夠證明她們也能成為好科學家。因此，我們沒什麼證據可以反駁「只有男性擅長科學」的觀念。

因為社會相信男性比女性擅長科學，並持續以那個假設運作，當男學生在研討會或課堂上說出卓越的見解，他們獲得的讚美普遍多過說出類似見解的女學生。拿一樣的文憑，男生比較可能獲得雇用，且薪水比較好。如此一來，我們造就的頂尖男科學家自然多於女科學家，而這進一步鞏固「男性比女性擅長科學」的觀念。要理性測試這個觀念，就必須試著給女性公平的機會來證明這種假設為非。就所犯的推理謬誤而言，只給男性機會然後斷言男性比較優秀，就跟小孩相信妖怪噴霧有效一樣（因為在他們到處亂噴以後，就沒看到妖怪了）。我們必須長大，才能擺脫這種謬誤。

這種確認偏誤，會如何傷害我們的社會呢？當然，這違反了「人人應平等對待」的根本道德原則，確認偏誤也不是理性的。但它真的會對我們的社會造成更實際的影響嗎？會。

這兒有個現成的具體例子。我剛才在某搜尋引擎上鍵入「研發 COVID-19 疫苗的科學家」，看有多少女性科學家浮上頁首。為避免自己犯下確認偏誤，我沒有鍵入「……的女性科學家。」第一位風雲人物是厄茲勒姆・圖雷西博士（Özlem Türeci），公認是研發輝瑞 BNT 疫苗最強夫妻檔的一員（另一位是她的丈夫烏爾・薩欣〔Uğur Şahin〕，兩人都是 BioNTech 的創辦人）。卡塔林・卡里科（Katalin Karikó）也出現了，她是輝瑞 BNT 疫苗背後的科學家之一，也被提到是諾貝爾化學獎的熱門人選。我見到的第四個名字也是女性科學家，輝瑞公司疫苗研發副總裁及負責人凱瑟琳・簡森博士（Kathrin Jansen）。莫德納（Moderna）疫苗呢？據總統首席醫療顧問安東尼・佛奇（Anthony Fauci）的說法：「那支疫苗其實是在我的機構『美國國家衛生院』的疫苗研發中心，由一支科學家團隊研發的，團隊以巴尼・葛拉罕博士（Barney Graham）和親密戰友基茲梅基亞・柯貝特博士（Kizzmekia Corbett）為首。」柯貝特是黑人女性科學家，她也一直自願撥出時間協助有色人種社區克服「疫苗猶豫」（vaccine hesitancy）。這些名字全都出現在我搜尋結果的首頁。其中只有兩位男士。不妨想像，要是其中有哪位女性科學家的研究之路被父母師長阻止，假如她看了男性獲得科學成就獎的人物，像很多人一樣想當然地認定，女性就不是科學的料，世界現在會是什麼樣子？

我們不難理解對於種族、年齡、性取向或社經背景的刻板印象，會怎麼以同樣的方式運作。當少數族群只有少數人被給予在特定領域一展長才的機會，他們在那些領域表現精湛的人數當然少之又少。那不僅會為社會帶來不良影響，也剝奪了運用更廣大的人才庫所能造就的進步。二〇二〇年花旗集團（Citibank）一份報告量化了種族歧視和缺乏平等機會，對美國造成多大的傷害。要是過去二十年我們的社會在教育、住宅、工資及商業上對美國白人和美國黑人投資均等，美國會比現在富裕十六兆美元，假如這個數字大到讓你難以領會，二〇一九年，美國的國內生產毛額（GDP）——所有在美國境內製成的商品和服務的市場總價——是二一．四三兆美元。十六兆美元是怎麼算的？那是基於假如黑人工作者獲得大學學歷會增加的收入、假如黑人申請者獲得房屋貸款會增加的房市銷售額，以及假如黑人企業家獲得銀行貸款，可為整體經濟創造多少商業收益。假如沒有確認偏誤，我們就會多出十六兆美元來處理氣候變遷、修正健保、努力維護世界和平。

## 為什麼會產生確認偏誤？

要是確認偏誤真的那麼壞，我們為什麼還一直懷抱著呢？既然它會對個人和社會造成如此嚴重的傷害，又是怎麼熬過人類演化倖存下來？難不成確認偏誤也有好處？

這乍聽之下是在諷刺，但確認偏誤確實具有適應力，能協助我們存續，因為它允許我們做「認知吝嗇鬼」。我們需要保留我們的腦力，或說「認知能量」給對生存而言更急迫，而非合乎邏輯的事。假設我們的某位祖先在森林X發現美味的莓子，如果森林X運作良好，他又何必費心去管森林Y是否也有好莓子呢？只要能從森林X取得足夠的莓子，究竟只有森林X有好莓子，抑或所有森林都有好莓子，對他而言根本無關緊要。

司馬賀（Herbert Simon）在一九七八年成為首位獲頒諾貝爾獎（是經濟學獎）的認知科學家，他也做了類似的論述，不過說的是更廣泛的原則，而不限於確認偏誤。要理解他的構想，請先記住這點：世上有無限的可能。以西洋棋賽局的走法來說，就算棋子數量有限、規則嚴謹，據估計也有10的123次方種，比可觀測世界的原子數還多。不妨想像，我們的未來有多少可能的版本在前頭。因此，當現實已經夠令人滿意，我們就必須停止搜尋。司馬賀稱此為「滿意即止」（satisficing），他結合「滿意」（satisfying）與「犧牲」（sacrificing）創造了這個詞。

後來許多科學家進行的研究發現，對於終其一生必須做的那種搜尋，每個人「最大化」或「滿意即止」的程度相差甚遠（給喜歡做性格測驗的人，網路上有很多免費測驗可測量你位於「最大化者／滿意即止者」尺標的何處）。最大化者永遠在找更好的工作，就算滿意現狀，仍會幻想不同的生活；就連最簡單的信件和 email 都要打好幾次草稿。滿意即止者不會在買禮物給朋友時經歷太多選擇障礙、會勉強接受次佳選擇，也不認為人必須先測試一段關係再決定要不要投入。

有趣的是，滿意即止者比最大化者來得快樂。這很合理，滿意即止者不會執著於追尋完美的伴侶，而可能會和夠好的人定下來，享受那段關係。同樣地，享用在一座森林找到夠好的莓子，比起硬要找出是否只有那座森林出產好莓子，或其他森林也有夠好甚至更好的莓子，也讓人比較快樂。確認偏誤或許是切合我們「滿意即止」需求的副作用，在現狀已經夠好時，阻止我們繼續搜尋無窮無盡的選擇，滿意即止會讓我們比較開心，也更能適應環境。然而，確認偏誤的問題在於我們一直使用它，就算它已適應不良，給我們錯誤的答案，就如同我們在這一章看過的許多例子一樣。

## 抗衡確認偏誤

既然了解確認偏誤的緣起與「適應力」有關，這個事實也變得清楚：要根絕它是多麼艱鉅的挑戰。為試著消除確認偏誤，其他研究人員以「2—4—6」習題的變化形進行後續實驗，直接告知參與者，用一組三胞胎數字就可以證明他們的假設是錯的，也就是他們可以拿自己認為**不**符合規則的三胞胎數字來測試他們的假設。雖然這是相當明確的說明，仍無助於他們找出正確的規則。當目標是找出正確的規則，試著證明自己不正確的策略勢必超級令人困惑。

但因為確認偏誤是如此根深柢固，我們可以「以子之矛，攻子之盾」。這沒有乍聽下那麼矛盾。這裡的關鍵在於，不要只想著一種假設，而要想著兩種互斥的假設，試著證明兩者。讓我們思忖一個「2—4—6」習題的變體來看它如何運作。

假設我心裡有兩類數列。讓我隨意給他們取個名稱以便追蹤，就取 DAX 和 MED 好了，兩類數列各由一個規則界定，你的任務是分別找出兩個類別所用的規則。

首先，我可以告訴你「2—4—6」符合DAX。你必須想出三個數字，同時考慮DAX和MED的規則。每當你提出一個數列，我都會告訴你那是DAX還是MED。

蜜雪兒決定一試。跟多數人一樣，蜜雪兒一開始認為DAX是偶數加2，所以她先確認這個答案：

蜜雪兒：10、12、14。

我：那是DAX。

蜜雪兒（心想：很好，我認為我找出DAX了，所以MED可能是奇數加2。來試試那對不對。）：1、3、5。

我：那是DAX。

蜜雪兒：什麼？？？

請注意：雖然蜜雪兒認為她知道DAX是什麼，她也要找出MED是什麼。

因此，她提出一組她認為符合 MED 的例子。也就是她要尋找確認她的 MED 假設的證據。結果那個數列屬於 DAX，讓她了解她的 DAX 假設錯了。讓我們繼續看下去。

蜜雪兒（心想：喔，那麼 DAX 是任何數加 2。那 MED 呢？或許是任何數加 2 以外的數字。試試看便知道。）：那 11、12、13 呢？

我：是 DAX。

又一次，蜜雪兒原本是想嘗試確認她對 MED 的假設，結果卻證明她的 DAX 假設是錯的。以下也依循同樣的模式。

蜜雪兒（心想：所以 DAX 可能是任何數加上任何常數，那 MED 就是**非**以常數增加的任何數。來試試。）：好，那 1、2、5 呢？（心想：那最好是 MED。）

我：是 DAX。

蜜雪兒（噢，所以DAX一定是由小到大的數！那MED就一定不是愈來愈大的數列。讓我們確認看看。）：3、2、1。

我：是MED。

蜜雪兒：賓果！DAX是任何由小到大的數，MED是任何不是愈來愈大的數。

我：正確。

如同蜜雪兒，85%的參與者在被要求同時發現兩個規則時，解開了惡名昭彰的2—4—6問題。那就是我所說「拿確認偏誤之矛攻確認偏誤之盾」的意思。人們在試著確認MED假設的同時，也會在無意間推翻他們對DAX的假設。當他們以為是MED或非DAX的例子結果是DAX，就會透露他們對DAX的假設是錯的，強迫他們修正。

現在讓我們回到國家科學學院的高台，我的丈夫和其他多為男性的科學家所在之處。我們可以應用同樣的策略來克服導致科學界性別失衡的確認偏誤。假設你先觀察到台上五十位傑出科學家全是男性，因此你認為你了解偉大科學家的要素——Y染色體。正如你需要同時判斷DAX和MED，現在我們必須解出是什麼造就不好的科學家。基於你對優秀科學家的假設，你假設女性會成為不好的科學家。要驗證你的假設，你要給五十位聰明的女性成為科學家的機會。結果，她們證明你原有的假設是錯的，她們通通成為優秀的科學家。

同樣的策略還有個變體：問一個會朝兩個相反方向發展的問題。比如在思索你的社交生活快不快樂時，你可以問自己你是否快樂，或是否不快樂。這兩個問題，不論題目怎麼設計，問的是一樣的事情，也應該引出一樣的反應——像「還算快樂」之類的。但如果你問自己是否**不快樂**，你比較可能回想有不快樂感覺的想法、事件和行為。若問自己是否**快樂**，你比較可能回想相反的例子。事實上，在一項研究中，比起被問到自己是否快樂的參與者，被問到是否不快樂的參與者，最終評定自己不快樂的比較多。

為避免諸如此類的確認偏誤，我們要強迫自己為兩種可能都提出證據。而這種方法有多種可能的應用。「我內向嗎？」、「我外向嗎？」、「我科學很爛嗎？」、「我擅長科學嗎？」、「狗比貓好嗎？」、「貓比狗好嗎？」

問題的順序重要嗎？沒錯，很重要，因為第一個問題的答案很可能會引導第二個問題的答案，使之偏頗，我們會在後續章節鑽研這個問題。現在的重點是：給雙方公平的機會很重要。

## 仍是挑戰

要緩和確認偏誤，確定自己解出MED和DAX，並反轉問題的走向，似乎是簡單明瞭的方法。或許我們可以在高中的批判性思考課裡加入這些方法，瞧，這世界變得更理性了，不是嗎？可惜，有很多原因使得測試替代的可能性（或想出MED是什麼）未必可行。

首先，那往往風險太高，想想你考試時會穿的幸運內衣，或你在準備重要會議或比賽時會進行的儀式。麥克・畢比[19]（Mike Bibby）在他的NBA生涯中都會在暫停時間剪指甲。底特律紅翼（Detroit Red Wings）會在每一場冰

19. 前美國職業籃球運動員，場上位置為控球後衛。

球賽前扔一隻章魚到冰上。比約恩・柏格[20]（Björn Borg）每到溫布頓網球賽前都要留鬍子（只有溫布頓賽前）。要證明這些儀式毫無必要，你必須願意承擔不進行儀式的風險，放棄那些想像中的守護。你必須穿一般內衣參加考試、在沒章魚的情況下打冰球。

同樣地，放血之所以會流傳這麼久，就是因為如果有人被教導放血真的有效，他就沒有道理不遵循這種「最好的做法」。我自己愛用紫錐花（echinacea）治療感冒——雖然科學證據混雜，但下一次覺得身體不舒服時，我不會冒險不去服用，我明白那是確認偏誤，而如果克服這種謬誤，可能反倒害我為一場我相信原本可以預防的疾病獻出五天生命，那它就不值得克服。同樣地，如果你結婚多年來一直幸福快樂，只為測試你的伴侶是否真的那麼特別，就選擇跟另一個人私奔，也未免荒謬了。

民眾不願證明為非的信仰，也有比較現代的科學案例。不妨想想「莫札特效應」（Mozart effect），這在一九九三年發表於聲譽卓著之《自然》（*Nature*）期刊。

莫札特效應的研究人員指出，在聆聽莫札特〈給雙鋼琴的奏鳴曲〉（Sonata

for Two Pianos）（給古典樂迷：即 K. 448）後，大學生在一項空間測驗得到的分數，比沒有聽那首曲子的學生高。大眾媒體進一步詮釋這項發現，將它視為聽莫札特的寶寶會發展出較高ＩＱ的科學證據。有些教育程度最低的州，州長開始在產房免費發送莫札特ＣＤ。接下來，有公司製作了《莫札特寶寶》影帶，讓五彩繽紛的玩具跟著莫札特音樂跳舞，而後又製作續集《愛因斯坦寶寶》系列影片涵蓋其他天才，包括《巴哈寶寶》、《莎士比亞寶寶》、《梵谷寶寶》。有人估計，二〇〇三年前後，美國有嬰兒的家庭中，有三分之一至少擁有一卷《愛因斯坦寶寶》系列影帶。結果，最早的莫札特效應並不持久，且效果僅限於空間推理，而非全部的智商；有些研究人員甚至無法複製最早的成果。一項研究檢視其中一卷銷售最好的影帶，能否幫助十二到十八個月大的幼童學習新詞語，結果發現，看了影片一個月的小孩，跟沒接觸影片且未接受任何空間訓練的小孩，毫無差別。另外，把影片上介紹的詞語學得最好的孩子，是直接聽爸媽講，而未使用影片的孩子。話雖如此，對於在這項

20. 瑞典前男子網球運動員，單打最高世界排名第一。

反駁證據出爐前生了小孩的爸媽來說，買《愛因斯坦寶寶》想必是毫無疑問的事，就算他們不是虎爸虎媽，似乎也覺得不該剝奪寶貝開發潛力的機會。

除了不願意承擔風險，確認偏誤之所以難以克服，也因為它是一種習慣。就像我們刷牙時會不假思索先刷某一邊，或緊張時咬指甲、抖腿、轉頭髮、把指關節壓得劈啪響，我們會自動、不由自主地確認自己的假設，就像在2—4—6習題裡那樣。習慣難以戒除。像咬指甲這種事情，我們可以試著戴指套或剪短指甲。但如果我們想戒除確認的習慣，該從何著手呢？「認識確認偏誤極具破壞力的後果」是第一步。若你還要踏出戒除的第二步，或許可以在生活裡帶入一些隨機性，藉以推翻你對某些低風險日常事務理所當然的設想。正如提出「1、12、13」這樣的隨機序列可能在無意間推翻「2—4—6」習題的假設，你可能偶然發現，你一直喜歡或相信的事物，或許未必是你最後的答案。碰巧，有個app可以幫助你做這件事。

曾於Google服務的麥克斯．郝金斯（Max Hawkins），想知道「不可預期」是什麼樣的情況。所以他設計出一款app，可隨機從Google清單挑選所在城市的一個地點，並叫來Uber載他過去，而不讓他知道目的地在哪裡。他的app載他去的第一個地點是精神科急診中心，這是一個他從沒想過自己會去的地方。但這讓他迷上這個活動。他開始隨機發掘森林、超市和酒吧，他原先根本不曉得有這些地方存在，因為他自認生活相當安穩，從未探索過他的選擇。接下來他擴充app，讓它可以隨機選擇在他詳細劃定的地理和時間範圍內、於Facebook公布的公開活動，每一場他都參加。於是他和俄羅斯人一起喝白色俄羅斯[21]（White Russians）、上雜技瑜伽課，還在一場派對待了五小時，主辦人是他沒見過的退休心理學家。

雖然別人做這件事的時候聽起來很好玩，我們仍可能猶豫要不要買他的app，因為把自己交給那麼多機緣巧合，似乎挺令人卻步的。所以，這裡有一些規模較小的活動，讓你可以練習推翻假設。在你去你愛去的餐廳或點外帶時，隨機從菜單選一個品項；你或許會驚訝地找到你喜歡的新菜（或沒那麼喜歡的菜也好）。上班途中，別走天天固定走的路線，試一條新的。和朋友逛街購物時，讓朋友幫你挑一件衣服，以免你又買灰毛衣或藍襯衫。早餐吃

21. 一種白色的甜雞尾酒。一款由伏特加、咖啡香甜酒和鮮奶油構成的調酒。

小羊排佐沙拉配牛奶，晚餐吃玉米片搭歐姆蛋加一杯葡萄酒。人生本充滿各種可能，絕對比可觀測世界加不可觀測世界的原子數還多，只是需要你自己去發掘。

# 03

# 因果歸因

## 為什麼不該那麼有把握地歸功或指責

一九一九年元月，當世界正苦苦掙扎地從世界大戰和一九一八年的流感疫情恢復時，戰勝國的領導人群集在巴黎和會上，要為戰敗國設定條款。協商很快陷入僵局，因為當時的美國總統伍德羅．威爾遜（Woodrow Wilson）不想太嚴厲地懲罰德國，英法則要求嚴厲得多的賠償。四月三日，威爾遜得了流感，甚至在痊癒後仍受神經症狀所苦。雖然他能夠回到會場，但沒有力氣堅持他的主張。結果，《凡爾賽條約》（Treaty of Versailles）納入了讓德國負債累累的賠償。很多史學家說，是該條約給德國經濟帶來的浩劫，進而為希特勒（Adolf Hitler）和納粹的崛起鋪路。因此，有人懷疑我們能否斷言：要是威爾遜沒有感冒，就不會有納粹大屠殺。

將大屠殺這般駭人聽聞、違反人性的系統性犯罪歸因於威爾遜的流感，著實令人不安，就算事件的發生順序確實是如此，但這種因果解釋感覺就是不對。為什麼會這樣？一種可能是，那不是那麼好的解釋，就算威爾遜一九一九整年健康安泰，也不能保證和約就會比較不嚴厲、德國經濟不會受其他因素重創，或希特勒最終不會掌權。

但為討論方便起見，讓我們假設一個人發明了時間機，設法阻止流感病毒侵染威爾遜，使和約變得沒那麼嚴厲，且這足以阻絕納粹掌權。就算有可能執行這樣的實驗，我們或許仍不敢妄言威爾遜的流感是大屠殺的唯一因素，因為大屠殺有其他各種可能因素。首先，假如希特勒的爸媽沒有相遇，希特勒就不會出生；假如沒有反猶太主義，大屠殺也不會發生。要是德國在一九一九年發現他們坐擁巨大的油田呢？要是德國打贏第一次世界大戰呢？或是假如法蘭茲．斐迪南大公（Archduke Franz Ferdinand）沒有在薩拉耶佛遇刺[22]，戰爭沒有打起來呢？儘管上面這些和其他無限多種可能性，都可能阻止大屠殺，我們卻不會把大屠殺歸咎於德國缺少石油收入、斐迪南大公遇刺，或協約國勝利。

## 我們用來推斷因果關係的線索

不只歷史事件，任何事件都有無限個可能的成因。不過我們可以將之限縮到數量較少的合理因素，而這麼做的最好方式是有共識的，因為在因果推論方面，我們會運用共同的線索或策略，這不是說我們對於歸咎或歸功的原因必定意見一致。有些史學家可能主張威爾遜總統感冒確實導致了大屠殺，但我們不會任意挑選任何原因，沒什麼人會說一八九七年一隻蝴蝶在薩摩亞拍動翅膀，會是二次世界大戰的原因，但我們都同意希特勒是原因之一。我們同意哪些因素比較貼切、比較有理，因為我們在推斷事件成因時，會仰賴類似的線索。

在這一章中，我會介紹一些我們常用的因果關係的線索。以下是我將在這一章介紹的樣本。請注意，其中有些會讓我們將大屠殺歸咎於威爾遜感冒，

22. 一九一四年六月二十八日，奧匈帝國王儲斐迪南夫婦在薩拉耶佛遭塞爾維亞人暗殺身亡，奧匈帝國七月二十八日正式向塞爾維亞宣戰，也意外成為第一次世界大戰的主要導火線。

有些則不會如此怪罪。我們會做出什麼樣的因果結論，取決於我們較重視哪些線索。

**相似**：我們會傾向處理彼此類似的因果，我們之所以不願把大屠殺歸咎於威爾遜的感冒，或許是因為兩者不相稱。雖然威爾遜是重要人士、流感是嚴重疾病，但在程度上，威爾遜患病與大屠殺系統性地殺害六百萬人，相差十萬八千里遠。

**充分及必要**：我們通常覺得原因是結果發生的充要（充分及必要）條件，如果威爾遜感冒是《凡爾賽和約》的充分或必要條件，而該和約是希特勒崛起的充分或必要條件，我們或許會認為威爾遜感冒是大屠殺的成因。

**新近**：如果有一連串因果事件，我們傾向歸咎或歸功於較近期發生的事件。比起希特勒崛起等時間較接近的事件，威爾遜感冒離太遠了，因此較少被怪罪。

**能否掌控**：我們較傾向指責我們可以掌控而非不能掌控的事。威爾遜感冒不是那麼容易避免的事，因為當時沒有流感疫苗，但也許有人主張，希特勒掌權是可以阻止的事。因此，我們比較容易歸咎於後者。

在探討這些線索時，請記得它們只是捷思法，或是經驗法則。換句話說，它們固然可能幫助我們找出合理的原因，卻不能保證我們一定找得到真正的原因。但因為它們通常能給我們不錯的答案，我們相當仰賴它們，而沒意識到它們也可能會使我們走入迷途。所以接下來我將討論，若是過度仰賴其中任一種，我們可能會如何做出錯誤的結論。

## 相似

想像撞球桌上，有一顆黃球和一顆紅球。要是黃球朝紅球快速滾動，當黃球撞上紅球，紅球也會快速滾動。要是黃球滾得很慢，那紅球也會滾得很慢。也就是說，「因」（黃球）的速度會跟「果」（紅球）的速度相配。與此類似，巨大的聲響，例如爆炸聲，象徵巨大的衝擊，寂靜則通常暗示和平。難聞的食物，例如過期好幾個禮拜的肉，通常對身體不好；氣味宜人的食物，像是剛採下來的草莓，往往對身體有益。在我們日常生活中，原因在程度或特徵上大多與結果相稱。

由於現實上的因果大多相似，我們會注意到這種模式，而在做因果歸因時採用相似性。也就是說，要是因果相差懸殊，我們會感到意外。例如我們預期大鳥叫聲也大，所以如果我們聽到震耳的嘎嘎聲，卻發現那來自一隻小小鳥，我們會大吃一驚，然後錄下來跟所有朋友分享。

再舉一個例子，沒什麼人會相信，氣候變遷（影響生物、地質、經濟、基本上是地球所發生的一切）可能是汪洋上單一起漏油事件所導致；多數人理解正確：那是長久以來人類形形色色的行為加上天然災害，與地球大氣層的交互作用所致。反過來說，若結果很簡單，比如地板上有碎玻璃，我們會認為那一定是某個人幹的，而不會想像是全家人密謀打破一只酒杯。

回到我在這一章開頭所用的例子，我們會覺得把威爾遜感冒和大屠殺連在一起並不妥當，「不相似」正是原因之一。把大屠殺歸咎於流感這種單一事件，未免太瞧不起它了，就連不是威爾遜總統粉絲的人，也會覺得把近六百萬猶太人的死（還有數十萬亦遭系統性殺害的同性戀男人、羅姆人和身障人士）歸咎於他的流感根本莫名其妙；相反地，我們想要的是一個明顯充滿惡意、屬於國家層級的因素，這樣的不適既闡明也驅動了「相似性捷思法」。

但仰賴相似來做因果推論，卻可能帶我們走錯路，因為因果不見得那麼類似。有些好聞的食物，例如成熟的草莓，對我們的身體有益；一塊剛烤好、用兩條奶油和六顆蛋製作的蛋糕則不然。而有些難聞的食物，如榴槤、泡菜、納豆、藍紋起司，其實相當健康。「安靜」一般暗示著「沒問題」，但學步兒長時間默不作聲，卻可能代表有麻煩了——他可能正全神貫注地測試一卷衛生紙可以拉多長，或探索媽媽梳妝台的抽屜。

民俗醫學也可以提供許多例子證明，過度仰賴相似可能毫無用處。以前有人相信青蛙的肺臟可以治療氣喘，以肺治肺。也有人誤信「洛磯山牡蠣」（就是炸牛睪丸）能維護男人睪丸健康、促進男性荷爾蒙分泌。

反過來說，因為我們仰賴相似性捷思法，在某個原因與結果看來天差地遠時，我們可能不願贊同。例如，在援用微生物理論來解釋疾病之初，很多人說什麼也不肯相信，因為他們不明白像病菌這麼小的東西，怎麼可能強大到能傷害或殺害人類。那樣的抗拒持續到今天。二〇二〇年疫情爆發期間，有些人自認百毒不侵，拒戴口罩、舉行大型派對，無視所有合理的醫學指引。要是COVID-19病毒長得比較像《冰與火之歌：權力遊戲》（*Game of Thrones*）裡的異鬼，或《陰屍路》（*The Walking Dead*）裡的殭屍，公共衛生管理就簡單多了。

我舉這些例子的目的在提醒你，相似性捷思法有其局限，有時微小的因素確實會產生巨大的效應。例如我們可能相信撒個小謊或許無傷大雅，但欺騙卻可能產生瀑布效應，以意想不到的方式影響其他人。反過來說，我們也可能低估小善的價值，例如對某人微笑，或問他們還好嗎？我們該記得，諸如此類看似無足輕重的表示可能讓人破涕為笑，誰知道呢，說不定會就此改變他們的一生。

## 充分

雖然我們的因果判斷會受相似性影響，但那不是我們主要用來設想「事出成因」的線索，「充分」有力得多。

假設吉兒把一桶冰水倒到傑克身上，傑克大聲尖叫。哲學教授菲爾走出辦公室，問傑克為什麼尖叫，吉兒承認是因為她潑他冰水，菲爾教授不信。「妳怎麼知道那是傑克尖叫的原因？」他問。（這不是一般碰到這種情況會問的問題，但菲爾教授專攻認識論〔epistemology〕，也就是研究人是如何知道事情的。）吉兒回答：「因為每當有人身上被倒冰水，他就會尖叫。」這是充分條件的一例：每當X發生，Y就會發生；當X是Y的充分條件，我們便推論X是Y的原因，到目前為止不錯。

問題在於，在我們因為某個原因看起來足以導致結果而選定它的同時，往往忽視了其他同樣可能的因素。回到傑克和吉兒的例子，我們一得知吉兒潑傑克冰水，就不會考慮其他可能使他尖叫的因素，例如搞不好有一條蛇正朝他滑過來，或是他剛好在那一瞬間想起自己跟菲爾教授的會面要遲到了，諸如此類。也就是說，我們認為自己心目中的原因足以導致結果，於是忽略了其他也可能導致結果的原因。

在多數時候，忽視其他可能因素不致影響現實世界運作，但我們之所以要注意自己有沒有這樣，是因為那很可能使我們不公平地敗壞他人的名聲。

舉個具體的例子：假設葛妮絲參加電視節目試鏡，贏得了那個角色，但蜜雪兒發現葛妮絲的父親跟節目製作人有私交。於是蜜雪兒相信，葛妮絲能拿到角色是由於父親的人情，完全不管葛妮絲是不是個好演員。但很有可能，葛妮絲既有那層關係，也是個出色的演員。我們一直處在這樣的懷疑中，彷彿我們相信兩個原因是互斥的：只要有一個原因存在，另一個原因就極不可能存在，或不可能起作用。

我們傾向於認為，如果有人付出很多努力才成功，那個人一定沒什麼天分。我高中和大學時期，都有那種惱人的同學，會假裝自己沒認真準備考試，希望這樣讓自己看起來比較聰明。據說，莫札特的遺孀燒掉他90％的樂曲初稿，營造他是天才、曲子全在腦中譜成的神話。當然，沒有人能否認莫札特的天賦，不管他的曲子出了腦袋以後是否還要修改，但如果傳言是真，他的遺孀還真是個精明的公關高手。米開朗基羅曾這麼形容他畫在西斯汀小堂穹頂上的畫：「假如你知道那付出了多少心力，就不會說它是天才了。」

另一個知名的忽視例子，是「內在動機」和「外在報酬」之間的關係。一個原本喜歡打掃家裡的人，在他父親開始付錢給他做這件家事後，開始相信他打掃並非只是為了消遣。事實上，一項研究顯示，人在獲得短期金錢獎勵時，績效會提升，但一旦獎勵取消，他們的生產力會掉到比之前還低。這或許是因為獲得獎勵時，他們會將生產力歸因於此，忽視了原本有的內在動機。因此，當獎勵撤銷，他們剩下的內在動機就比之前低了。

同樣地，諸如此類的忽視未必是謬誤，因為那似乎是許多現實情況的運作方式。要是某人天生對承擔某項任務不感興趣，你就得付錢請他們承擔，因此內在動機和外在報酬之間呈現負相關，多數時候我們做喜歡做的事情拿不到酬勞，就像我喜歡在清晨遛狗以便欣賞日出，但沒有人付我錢做這件事。許多天分高的人不必像天分較低的人那麼辛苦，就能獲得同樣的成果，這固然是事實，但僅著眼於某一已知原因，而自動忽略其他同樣站得住腳的原因，卻可能導致數不清的錯誤結論。

有個活生生的例子，可證明這樣的忽視會如何損害他人。二〇〇五年，前美國財政部長、時任哈佛大學校長的經濟學家拉瑞・薩默斯（Larry Summers）針對性別在科學界的角色發表評論，攪亂一池春水，也成為他辭去哈佛校長職務的因素之一。他說科學高階人士（例如終身教授）之所以有性別差距，可能出在「內在資質（intrinsic aptitude）的問題，特別是資質的多樣性。」意思是，就算男性和女性的平均水準一致，他還是認為比較多男性擁有科學界高階職務所需的優異天分，勝過女性。

這番言論後續在學術社群的爭議和辯論，聚焦在兩性是否真的天生有科學資質上的差異。但在這裡我想討論的是「內在資質有差別」這個主張，是如何用來貶低導致性別差距的社會因素（像是社會對女性的期待）。據《波士頓環球報》（*The Boston Globe*）報導，「薩默斯在受訪時表示……『行為遺傳學研究顯示，人類以前歸因為社會化的事物，歸根結柢不是因為社會化。』」就算真的有基因差異（我不認為有，但這裡為便於討論，姑且假設有這回事），那樣的發現也不會自動排除，社會化的性別偏誤正是導致性別差距的原因。這種毫無根據的貶低對現實生活有毀滅性的影響，例如會進一步擴大性別差距，一項受薩默斯那番話啟發的研究就證實了這點。

該研究的參與者全是女性，她們首先要讀一段偽裝成閱讀理解測驗的文字，然後做數學測驗。這項實驗的關鍵操縱是那個段落的內容，一組參與者讀的是證明「男女數學測驗表現一樣好」的研究，第二組則讀到「由於Y染色體發現的某些基因使然，男性的數學測驗成績比女性好五個百分點。」在測驗前讀那個段落足以讓女性參與者的成績低25%！在我的課程裡，那可是A和C之別。

更重要的是，有第三組參與者也被告知男性的數學成績比女性好，但那個段落說，那是因為「教師在學校養成初期的期望有所偏頗。」這樣的說明夠強勁有力，足以將參與者的分數拉回和第一組（數學成績沒有性別差異）一樣的水準。這裡強烈暗示，第二組的參與者，也就是學到兩性有基因差異的人，會自動排除也可能有環境差異的想法，這項引人注目的研究清楚顯示，不恰當的排除有可能會損害表現。

在已經有一個已知原因時，忽視現象的第二個潛在因素，這種情況會不自覺地發生。有時可能反映現實，但如我們所見，也可能大錯特錯而產生害處。如果我們注意到它，請記得在排除其他因素時要更小心，甚至可以透過大方承認可能有其他因素運作，來避免自己妄自排除。

## 必要

在充分考慮過因果推論中的充分之後，讓我們看看硬幣的另一面：必要。某個結果的必要條件是其成因之不二人選。事實上，這就是法律制度使用的標準，俗稱「若非」（But for）原則。

假設蛋頭先生坐在一面牆上，牆碎裂了，他重重摔下來，摔破了頭。又假設國王，也就是擁有那面牆的人，一天到晚忙著打高爾夫，沒有盯著幕僚把牆維護好。要是蛋頭先生的律師可以確立「若不是國王疏忽，蛋頭先生就不會出事」的論述，國王就要為蛋頭先生的傷負責。

「蛋殼頭骨原則」（eggshell skull rule）源自一個頭蓋骨很薄的原告死於小意外的案件，進一步凸顯「必要」是判定責任的標準。有些法律學者真的用了蛋頭先生來闡述這個規則，所以我們繼續用下去。國王的辯護律師可能主張蛋頭先生會重傷，純粹是因為他的頭骨很脆弱——畢竟他是蛋，或至少被畫成蛋，而蛋是出了名的容易破。但根據蛋殼頭骨規則，國王仍有責任，因為就算原告本來就有頭骨脆弱的醫療狀況，若不是那面牆缺乏適當維護，他也不會受傷。

當我們試著判斷是什麼原因導致某個結果的時候，多半是在法庭外進行類似的反事實推論。縱使A沒發生，B會發生嗎？要是我沒去那間店，我就不會捲入那起意外嗎？假如他沒接下那個職務，他們的婚姻就能維繫嗎？如果在我們的反事實世界中，結果不一樣，我們就會把那個要素視為原因。運用反事實推論做因果判斷沒什麼不理性之處；畢竟，法律制度都在用了。

然而，並非所有必要條件都有因果關係。例如，氧氣是燃燒的要素，但沒有人會把加州反覆發生的森林大火歸咎於氧氣的存在，就像人出生就注定會死；假如瑪麗蓮夢露（Marilyn Monroe）沒有來到人世，她就不會死了，但瑪麗蓮夢露的出生從來沒被列為她離奇死亡的可能原因。在我們判定那麼多必要條件之中哪一個才是事因之前，我們需要拿其他線索補「必要性捷思法」之不足，比如我接下來要解釋的線索。其實，我討論的所有線索都可以互相搭配補充。

## 異常

我們傾向於挑選「不尋常的事件」做為原因，接觸到氧氣和被生下來不是非典型條件；氧氣就在我們四周，而我們得先被生下來才能展開人生。但國王疏於維護蛋頭先生坐的牆是異常事件，因為按照規定，國王該管理好他的財產，因此他的疏忽被視為肇因。同樣地，劇烈的背痛和救護車大聲鳴笛都足以使任何人壓力大增。但如果你已和背痛共處多年而很少聽到救護車鳴笛，你就會責怪刺耳的鳴笛聲害你緊張起來，反觀如果你住在安靜的醫院隔壁、很少背痛，你就會歸咎背痛是你的壓力來源。

這有助於解釋，為什麼眾人對同一起事件的因果歸因常呈現分歧；何謂正常？何謂異常？可能要視個人觀感而定。例如假設琳琳在一場面試時神情緊張，她平常卻是冷靜而自信的，所以從她的角度來看，是面試官暴躁乖戾的風格害她這樣。但面試官已面試過其他許多應試者，這場面試對他稀鬆平常，琳琳顯得比其他應試者緊張，所以他認為那是她個性使然。

也不妨想想槍枝暴力的例子。在美國，平民百姓可以合法購買手槍、獵槍、步槍，有些州甚至可以買到半自動武器。每當有重大槍擊事件發生，有些人會怪罪槍手，並這樣推論：既然多數擁槍者不會出去射人，那些槍手一定有哪裡不正常，例如心理健康、憤怒管理能力、意識形態等等。但從全球觀點來看，美國顯然不大正常。根據小型武器調查（Small Arms Survey），美國二〇一八年平均每百人擁有的民用槍枝數為一二〇・五，世界最高，而且超過排名第二的葉門兩倍，更是加拿大的四倍。光是依據這樣的數據，就顯見美國的槍枝管理有不尋常之處。因此，從全球的角度來看，比起槍手的個別性格，美國槍枝的普及更該為那些槍擊案負責。

思考同一件事情的人也許會根據他們帶入的觀點，援用不同的因果推論。當我們納悶某人怎會提出聽來奇怪且不合情理的因果解釋時，不妨試著透過他們的眼睛看世界。他們可能仍是錯的，但至少我們會理解他們是如何做成錯誤的結論。而且誰知道呢，說不定我們會想重新檢討自己的觀點。

## 作為

我們在挑選可能的候選因果關係時，還會採用另一種捷思法：怪罪「作為」多過「不作為」。以下例子改寫自一個可闡明這點的經典案例。假設艾莎持有A公司的股票。她考慮把那些賣掉，改買B公司的股票，而後她這麼做了。當B公司的股票暴跌，艾莎賠了一萬美元。碧妮塔持有B公司的股票（就是艾莎改買的那家）。她曾考慮換成A公司，但還是決定繼續擁抱B公司。碧妮塔也賠了一萬美元。我們不難想像，積極把持股從A公司換成B公司的艾莎，感覺會比什麼也沒做的碧妮塔難過。

歸咎「作為」多過「不作為」（儘管結果相同）的例子不勝枚舉。如果我們得知某外國政府天天無端殺害兩萬五千名無辜百姓，我們會義憤填膺、加入抗議、寫信給我們的政府代表、尋求阻止殺戮之道。但如果我們讀到聯合國報告指出，每天有兩萬五千人因飢餓和相關因素而死（這確有其事），我們會覺得難過、嘆口氣、搖搖頭，大概就這樣——但不會上街抗議、不會寫信給政治人物。若某甲蓄意殺害某乙，那是謀殺，刑罰可能是死刑或無期徒刑。但如果某甲是見死不救眼睜睜看某乙死去，他會被判過失致死罪，刑罰輕得多——在美國多數州從六個月到十年不等。

我們之所以怪罪作為多於不作為，可能是因為當我們思考替代的可能性時，比較容易想像恨不得自己沒做什麼，而非可以做而沒去做的事。若非那個邪惡的政府或邪惡的兇手，那些人就不會死了。但不作為就比較難消除了，在很多例子中，就算我們真的試著做什麼，能否扭轉結果仍是未知數。

按照定義，不作為也是覺察不出的，因此我們很容易忽略它是如何引發特定事件。就像疏於對抗種族歧視或氣候變遷、未舉報我們親眼目睹的不平等問題、安於維持現狀，而我們內心深處知道，其實有更合乎公平正義的選項——這些都是不作為造成危害的例子，只是沒那麼明顯罷了。

然而，不注意不作為的代價，卻可能導致不可逆的問題。要是我們現在不斷然採取正確的行動，氣候變遷可能就擋不住了，不投票的後果也是一例。不投票的人可能覺得那不會怎麼樣，但如此一來，可能在當選後改善多數人生活的候選人，選票就被奪走了，不作為不見得比惡行來得好；有時一樣糟。

## 新近

如果有一連串事件，我們會傾向選擇最近的那個做為結果的原因。不論籃球、棒球或足球賽，隊員和球迷會盛讚在勢均力敵的比賽射／打進致勝分的功臣——就像麥可・喬登（Michael Jordan）對猶他爵士隊（Utah Jazz）槍響前投進、為他和芝加哥公牛（Chicago Bulls）贏得第六座冠軍的致勝一擊。輸家不只阻止不了改變命運的那一球，還會在腦海反覆上演「絕殺」畫面來折磨自己。但輸贏絕對不是單靠最後一分，而是整場累積的所有分數決定的。儘管如此，最後一擊，以及執行最後一擊成功或失敗的球員，仍然集榮耀或指責於一身。

你可以主張拿下致勝分或在最終決戰時刻守住領先的壓力比較大，所以強調那一球是合理的。有時確實如此，但接下來的實驗卻顯示對多數人來說，時間順序很重要——就算事實顯然不是如此。

假設有兩個人，一郎和二郎，各擲一枚銅板。要是兩個人都擲出正面或反面，就各贏得一千美元。要是出現一正一反，兩個人都拿不到錢。一郎決定先擲，擲出正面。換二郎丟時，哎呀，他丟出反面，一千元飛了。

這要怪誰呢？幾乎每個人（92％）都怪二郎。誰該感覺較深的內疚呢？同樣地，大部分的人說是二郎。假如我是二郎，我也會覺得羞愧。假如我是一郎，我會勃然大怒，跟二郎討五百；那似乎是他惹出麻煩的合理賠償。但把失敗怪到二郎頭上是荒謬的。真要怪，也可以怪一郎沒擲出反面。其實兩人都不該被究責；擲銅板是隨機且獨立的——沒有人有能力讓銅板出現哪一種結果，銅板也不記得它前一次落地的情況。但我們傾向怪罪時間較近的事件，就算在像這樣的例子裡，時間順序根本不重要。

為什麼會這樣？若有一連串事件發生，假設A引起B、B引起C、C引起D，那最終結果不只是A引起，而是整個A、B、C接續引起。因此，我們可能不想把D完全歸因於A，因為就算有A，要是沒有B或C，D也不會發生。但如果C發生了，就算沒有A或B，D也會發生。因此，C似乎該比A或B負更多因果責任。

擲銅板的問題在於我們傾向把上述捷思法套用在根本沒有因果關係的連續事件中，一郎擲正面不會導致二郎擲反面。兩人擲的銅板對結果的影響一樣大，且各自獨立。在美式足球賽中，扭轉緊繃戰局的最後一次達陣叫「致勝達陣」，但那次達陣之前得到的分數對勝負一樣重要。若我們過度歸因於最近的事件，甚至在事件順序無關緊要的情境也這麼做，那我們不僅忽視了其他也會促成結果的因素，也剝奪了它們應得的功勞或責任。

## 能否掌控

在前往我將在本章解釋的最後一個因果關係的線索之前，讓我們後退一步，想想我們會問「為什麼」的問題，因為答案會幫助我們理解使用那個線索的基礎。為什麼我們會不斷進行因果推論呢？例如，如果你的約會對象晚餐遲到，為什麼原因是「他車子拋錨」或「他差點忘記」很重要呢？

因果推論最重要的功能之一是「掌控未來事件」。我們想透過鑑定出每件事發生的理由來避免不幸、重複好的結果。如果你的約會對象車子拋錨，你可能還會想繼續這段關係；相反地，如果你明白他不像你那麼期待約會，可能就會想到此為止，他拖延的原因會幫助你判斷你想不想拋棄他。

這帶領我們來到一個重要而有幫助的線索：原因是否可以掌控？既然我們會做因果歸因來引導我們未來的行為，我們基本上不會責怪我們無法掌控的事。比如，當我在掀開鍋蓋時燙傷手指，我可以怪自己沒戴手套，下次會先戴手套再掀開鍋蓋。在這個例子中，我不會怪罪我有手指或熱會傳導的事實，因為對於解剖學或物理學，我都無可奈何。雖然我可以怪罪製造商賣了把手會變灼熱的鍋子，但我更可能怪自己買那個鍋子，因為我可以買有耐熱把手的新鍋子，但沒辦法左右製造商的決定。

我們傾向在相信事情可以掌控時歸咎責任，這可能會使我們對同樣的結果產生截然不同的情緒反應。假設史蒂芬下班回家時，困在車禍所致的交通堵塞中。當他好不容易回到家，發現妻子心臟病突發，回天乏術。顯然，史蒂芬會難過得要命，但他晚回家是因為塞車，而塞車是他無法掌控的事。他會傷心，但不會覺得內疚。

現在再來想想這個情境略微不同的變化版。一如原版，史蒂芬太晚到家，來不及救他的妻子，但在這個例子裡，那是因為他在一家店停下來買啤酒。史蒂芬很可能一輩子為妻子的死自責，一再回想「要是……就好了。」

但怪罪「可掌控的行動」也可能導致全然不幸的結論。想想犯罪的受害者，他們很多人責怪自己。傑佛瑞·艾普斯坦[23]令人髮指的犯行的一名受害者曾接受NBC《今天》（*Today*）訪問時說到，她在十四歲時開始幫他「按摩」，後來遭到他強暴。採訪人問她：「妳心裡用過『強暴』這個詞嗎？那時妳知道那是強暴嗎？」那位女性回答：「沒有，我想我沒想到那回事，當時我只想到，都是我的錯之類的。」

當然，受害者為什麼會自責，有許多社會學和文化上的解釋，就因果歸因而言，受害者會自責，是因為想像自己沒做某種舉動，比想像行兇者沒有那樣的行為來得容易。倖存者可能會想：「要是我沒喝那麼多就好了，」或是「要是我當下沒有微笑就好了。」在他們心中，那些是他們或許可以掌控的行為，行兇者的行為則難以改變得多。因此，受害者會自責，就算責任顯然在行兇者身上也一樣。

## 過度思考與反芻

因果推論可能很簡單，就像判斷傑克為什麼會在吉兒潑他冰水時大叫的例子。但因果推論也可能比較複雜，就像解釋為什麼女性科學家人數較少的例子。在一些真正具挑戰性的案例中，感覺我們不管用了多少線索，就是無法判斷特定結果的成因，所以最後且讓我們思索幾個因果問題幾乎無從回答的案例。

或許其中最難的一題是「為什麼是我？」每當有人發生一連串壞事，這個問題就自然在他們腦海浮現。這會導致「反芻思考」：不斷思考同樣的想法，以及更多「為什麼」：**這種事為什麼會發生在我身上？為什麼我格格不入？這為什麼會困擾我？我為什麼沒辦法前進？**當我們一直執著於那些或許無法回答的問題，試著找出答案，我們的感覺可能會愈來愈糟。

23. 美國億萬富豪傑佛瑞．艾普斯坦（Jeffrey Epstein）在二〇〇五年遭民眾報案，自己十四歲的繼女被帶到艾普斯坦的豪宅「表演脫衣舞」，才揭開他曾性侵四十名少女的犯行。

我在耶魯大學的同事、五十三歲就與世長辭的蘇珊・諾倫—霍克塞瑪（Susan Nolen-Hoeksema）透過她在臨床心理學領域的劃時代研究證明，反芻可能如何導致憂鬱。她的研究徵募了憂鬱程度不同的大學生，一組參與者屬中度情緒低落（dysphoric），意味他們未必會被診斷為重度憂鬱症，但會表現出一些抑鬱的症狀，另一組參與者則沒有情緒低落的情況。

研究期間，所有參與者都獲得指示，要思考本身的想法及情緒，例如「你目前的活力程度」、「你的感覺可能代表何種意義」、「你為什麼會有那種反應」等等。請注意，這些其實都是中性問題，並非意在誘發抑鬱的想法，參與者投入這項反芻任務八分鐘。如果你情緒低落，請別在家中嘗試，因為當受測者再次測量憂鬱程度時，原本情緒低落的人明顯變得更憂鬱——而他們只不過思索了為何出現負面情緒的原因罷了。

雖然在這項研究中，反芻並未使原本沒有情緒低落的參與者出現憂鬱症狀，但我們仍想指出，平常快快樂樂的人，仍可能受到反芻危害，因為當發生負面事件，或我們心情不佳時，我們很可能會問更多「為什麼」。我們不會因為試著想出某事為何運作順利而失眠，例如為什麼能通過棘手的測驗，或為什麼能成功敲定交易。然而，一旦事情失敗，我們情緒低落，我們就會開始被「為什麼」困住。事實上，與諸如沒有愛情的婚姻、財務問題、沒有成就感的工作等慢性壓力源共存的人，往往會反芻更多事。道理很簡單：人在處理自己的問題時會試著釐清問題的起因，以便加以解決並避免未來重蹈覆轍，他們以為自己是在吸收經驗、獲取洞見。

不幸的是，研究也顯示，反芻其實會妨礙我們有效解決問題。這可能是確認偏誤使然。當我們覺得情緒低落，我們就會反覆回想確認那種感覺的記憶，一旦失去自信，我們便很難有建設性地解決問題。反芻不會幫我們找出解決方案或原因，反倒會導致對未來更深的不確定、焦慮和無助；這也可能惡化成酒精濫用和飲食失調。

要有建設性地處理極度困難或幾乎無解的因果問題，一個辦法是先讓自己抽離那個情境。反芻的時候，我們會傾向沉浸在問題裡面。例如，當你試著思索某件悲劇為什麼會發生時，你可能會反覆經歷事件。而這顯然會再次引出所有負面情緒。若你如此深陷其中，是很難著手解決問題的，因為你的情緒已經耗竭，難以維繫必要的洞察力了。

反之，抽離情境會有幫助。就算某個問題只影響你一個人，你也可以退後一步，改用別人的觀點。另一項研究闡明了「自我抽離」對於解決人際衝突的效用，底下即是參與者在研究期間獲得的指示。他們要回想一段覺得對某人極度憤怒、充滿敵意的時光。接下來：「後退幾步，遠離你的經驗……遠遠地觀看衝突發展。」在採用這種新視角後，他們又被告知：「試著想想是哪些因素左右了這個遠方的你的情緒。」比起被要求採用自我沉浸法的參與者，運用抽離視角的參與者明顯沒那麼憤怒——意識和潛意識層次都是如此。

自我抽離也有長期效益，那場抽離實驗的參與者在一星期後回到研究室。在這第二階段，他們被要求重新思考負面事件。這一次，他們沒有被告知要自我抽離。但就算沒有明確的指示，比起第一階段沒有從負面經驗抽離的那組參與者，他們反映的負面情緒仍少得多。他們只不過抽離一次、以不同的眼光衡量情境一次，那種新的呈現方式彷彿就留下不走了。

不過有一個大問題仍懸而未決：我們要怎麼判斷一個「為什麼」問題是可回答還是不可回答？嚴格來說，沒有哪個「為什麼」問題是可以回答的，我們絕對找不出任何結果的所有真正原因。

我們可以進行反事實推論來考慮，倘若威爾遜總統沒中流感，大屠殺是否還會發生，但我們絕對無法給予絕對肯定或絕對否定的答案。我們也無法僅改變過去單一事件而假設其餘不變，因為就是不行（這就是我討厭多數和時空旅行有關的電影或電視影集的原因，因為現實就是不可能照主角設想的方式運作）。

就連看來簡單得多、較不具歷史意義的因果順序，我們也無法百分之百確定是什麼導致什麼。假設莎拉拿到祖母送的一百元生日禮金，覺得高興，但就連她自己也渾然不覺的是，因為天氣好或她剛看到一隻可愛的蜥蜴，或期待吃生日蛋糕，她可能本來就很開心了。

或許有人會說，有時我們可以看出是何種因果關係起作用。一顆紅球滾向一顆黃球，一接觸，黃球就滾了起來，我們不就親眼目睹紅球導致黃球移動了嗎？但就算我們親眼看到因果順序，也無法保證一件事會導致另一件事。十八世紀蘇格蘭哲學家大衛・休謨（David Hume）就提出這樣的見解。黃球可能會先因與紅球無關的作用力移動，甚至自行移動，因果關係的感覺只是假象。

當我們相信自己已經找到某個「為什麼」問題的正確答案，其實我們只是找到最好的答案——要是我們希望下次碰到類似情況時會有相同的結果，我們必須做什麼，以及要是我們希望產生不同的結果，該避免做什麼。正因如此，或許真正值得試著回答的「為什麼」，是那些有可能帶給我們洞見、引領未來行動的問題。如果我們永遠不會碰到類似情況，驗證答案不但不可能，也無意義。一旦你不再執著於某些事為什麼會發生，特別是你恨不得沒發生的事，你就可以採取遠觀的視角，或許有助於擺脫懊惱、後悔之類的負面情緒，並且在下一次碰到棘手情況時，能夠用更有建設性的方法解決問題。

# 04 例子的危險

## 仰賴軼事會遺漏什麼

我教課時會舉很多例子，因為認知心理學研究告訴我，舉例是有用的。活生生的例子比去脈絡、抽象的解釋更能取信於人、易於理解、難以忘懷。何謂去脈絡、抽象的解釋？舉個例子（當然要）：

如果你需要強大的作用力來完成某項任務，卻無法直接運用這麼大的作用力，運用許多來自不同方向的小作用力也可能奏效。

這是一句非常抽象、去脈絡的敘述，有理歸有理，卻難以了解那可能與何種情境相關，所以我們不大可能到明天還記得住。現在，再想想下面的故事：

一個小國家陷入一名獨裁者的鐵幕統治，他是從一座堅固的堡壘發號施令，堡壘位於國家中央，四周環繞著農田和村莊，多條道路從堡壘中像輪胎的輪輻那樣放射出來。有一名將領在邊疆崛起，他徵募了龐大的軍隊，發誓要攻下堡壘、讓國人脫離獨裁者魔掌。這位將領知道，要是他整支部隊一舉進攻堡壘，或許能順利拿下。他令大軍集結在通往堡壘的一條路上，準備發動攻擊。但就在此時，一名間諜帶來令人困擾的情報，殘忍的獨裁者在每一條路都埋了地雷，不過仍留了通道讓一小群人能安全通過，因為獨裁者也需要調動部隊和工人進出堡壘。但大型軍隊就一定會引爆地雷了。這不僅會讓軍隊喪命、使道路無法通行，還會引來獨裁者報復、摧毀許多村落，因此全面直接進攻堡壘看來不可行。於是將軍設計了簡單的計畫，他將軍隊分成較小的群組，分別派往不同的路頭，一切就緒後，他發出信號。每一組人馬皆沿著自己那條路往堡壘進發，同時抵達。

這段小品文的概念，跟我前面引用的抽象原則相同，雖然沒那麼精確，但比較吸引人，也比較記得住。具體的例子比抽象的敘述有力得多，也能在我們的心中留下更深的烙印。

具體的例子也較能取信於人。一九六九年，美國國會通過《公共健康吸菸法案》（Public Health Cigarette Smoking Act），規定香菸包裝要加註這麼一句話：「警告：衛生署長已證實抽菸有礙健康」。但這樣的警告太過籠統而不見成效。一九八四年，美國實行《全面吸菸教育法》（Comprehensive Smoking Education Act），要求標出具體的警語（例如香菸會導致肺癌、心臟病、肺氣腫、懷孕症候群、胎兒傷害）。但就連這些較具體的警告感覺起來也頗為空洞而溫和，不會讓我們倒抽一口氣。

在澳洲，政府規定香菸警語旁邊要附照片，例如早產兒手臂骨瘦如柴、氧氣管插在皺巴巴鼻子上的照片，或是在口腔癌、咽喉癌的警語旁邊附上令人作嘔的綠色牙齒照。科學證明像這樣觸目驚心的影像，確實會起作用。疾病管制預防中心（CDC）的反菸運動「戒菸者的秘訣」（Tips from Former Smokers）就提供諸多證明。一位透過電子喉嚨（electronic voice）說話——他因罹患咽喉癌而進行全喉切除術（laryngectomy）；一位袒露胸口因心血管手術留下的斑駁傷疤；還有一位因罹患口腔癌，半個下巴被割除了。二〇二〇年三月，美國食品藥物管理局拍板定案：香菸包裝上的健康警語應搭配吸菸危害健康的寫實影像。

活生生的例子固然是溝通和取信大眾的絕佳方式，這一章要探討的卻是它們的危險。具體的例子和軼事有時可能**太**強大，使我們違反重要的理性原則，例如二〇二〇年時，我們常聽到人們像這樣說：「我祖父篩出 COVID-19 陽性，一個星期就痊癒了，說穿了 COVID-19 就是流感嘛。」或「我朋友從沒戴過口罩，也沒得過 COVID。」對很多人來說，從他們認識的人身上獲得的軼事，比樣本大得多的科學證據，更有說服力。

常用 Instagram 和 Facebook 的人，透過理性思考都明白，我們朋友貼出的那些雜誌等級的度假景點、美食美酒照，是刻意展示的人生片刻，不是日復一日的生活。但看著那蔚藍的泳池、熱帶調酒旁的香奈兒包包，或朋友燦爛的笑靨，幾乎不可能想像他們也跟其他每個人一樣缺乏安全感，不時怒火中燒、偶爾爆發大腸激躁症[24]。

為避免過度受到現實例子和軼事影響，我們可以問問自己，為什麼它們如此強而有力。有些研究人員主張，那是因為我們的心智天生是依據我們親身經歷和感受到的情況來思考，而非依據抽象概念。也就是說，我們的思考主要是以我們看得到、摸得到、聞得到、嚐得到、聽得到的事物為基礎。例如，口腔癌患者的嘴部照片極具說服力，因為觀看照片的同時，你的牙齦簡直會感覺到你曾在牙醫診所體驗過的那種痛楚。我同意這種說法，但那無助於我們忽視二〇二一年四月一篇大家可能都讀過的報導：一個三歲孩子的母親，在接種嬌生（Johnson & Johnson）COVID疫苗後死於血栓。在我們心目中，那篇報導有能力隻手推翻CDC的數據，但到目前為止，六百八十萬接種嬌生疫苗的民眾，只有六位出現血栓。所以，讓我們重寫這個問題：為什麼比起明確具體的事例，我們**比較不會**受到抽象數據動搖呢？

## 數據入門

數據無法說服我們的主因是，多數人並未充分了解數據。如果我們要避

24. 一種常見的腸胃疾病，研究顯示有30%的美國人在其一生中會經歷此疾患。

免在日常生活中做出明顯非理性的判斷，至少有三個重要概念需要更妥善的了解：大數法則、均值回歸、貝氏定理（Bayes' theorem）。這些名詞聽來很專門，有些讀者可能光看到名稱就跳過，但研究顯示，了解這些原則能幫助我們做出更精確的評估。下面是三者的解釋。別擔心：我會舉很多例子的。

## 大數法則

當我們只能從有限的觀測資料做推論時，大數法則是該遵循的重要原則。它的意思很簡單：數據愈多愈好。比如，我們去一家新餐廳吃過五次，會比只吃過一次更有信心地給予好評。我們觀察得愈多，就能愈準確地歸納我們尚未觀察到的案例可能有何種規律，或更準確地預測未來。雖然我們憑直覺就能了解大數法則，卻經常忽視它。

在現實生活中忽視大數法則，反倒相信一件軼事的例子不勝枚舉。我已經介紹過一些，這裡再提供幾個。絕大多數新創公司都以失敗收場——70％到90％失敗，取決於你問的人，但三個男生從出租床墊起家、一路擴展到創立

Airbnb（二〇二〇年市值三百一十億美元）的故事，卻足以讓任何人幻想自己也能成為富有的企業家。

還有一個跟氣候變遷有關的例子，儘管很多數據都顯示數千年來大氣中二氧化碳的濃度逐漸增加、平均氣溫增高、海平面上升，一場暴風雪就可以讓美國總統在推特發文：「全球暖化怎麼了？」史蒂芬．荷伯[25]（Stephen Colbert）回得好：「全球暖化不是真的，因為我今天覺得冷！還有，好消息是：全球饑荒結束了，因為我剛吃飽了。」

若我們只引用軼事來闡明太相信例子的問題，就有失審慎了，所以讓我們談談以更大樣本的對照實驗為基礎的科學證據。一項研究利用大學生來深入了解一個對他們關係重大的主題：課程評鑑。在每學期末，多數大學都會請學生給他們這學期上過的課的諸多面向打分數。一組參與者獲得之前學生的平均課程評鑑等級，例如「課程平均評鑑（一一二／一一九位上課學生的平均）：良好。」另一組則觀看幾個學生的口頭評論影片，例如：「我上了

25. 美國保守派政治評論家、演員和電視主持人。

學習與記憶課，我給它『良好』的評價……那探討學習與記憶探討得挺不錯，不過比較籠統，沒辦法如一些人希望地那麼深入……有時我會覺得無趣……但確實教給我們很多值得的資訊。」接下來，所有參與者（只見到評等的參與者和只聽到軼事的參與者）都選了他們覺得自己想在未來一、兩年上的課。結果顯示，軼事評論遠比課程平均評鑑更能左右他們的選擇，儘管課程平均評鑑是以更多學生的經驗為依據，取樣多得多。

秉持大數法則的精神，我將提出另一項研究，不過這一次，研究人員也試著了解，倘若參與者意識到自己的推理謬誤（就像本章的讀者一樣），能否避免過度受到單一案例左右。參與者被告知，如果他們完成一份與實際研究無關的調查，可獲得五元報酬。完成之際，他們收到現金酬勞和一只信封，信封裡裝著救助兒童會（Save the Children）所寫的勸募信，描述非洲南部的糧食危機，研究人員請他們仔細讀。

第一組參與者收到的信，包含摘自救助兒童會網站的實際資訊，例如「馬拉威糧食短缺影響了三百多萬孩童。四百萬安哥拉人——占全國人口三分之一——被迫逃離家園。」第一組參與者平均捐了一．一七美元。

另一組則沒有獲得數據。他們在信中看到一位名叫羅姬雅的七歲小女孩的照片，以及她在馬利面臨嚴重飢餓威脅的報導。這組人平均捐了二．八三美元，超過前一組的兩倍。為什麼會有這樣的結果，一種解釋是見到單一個案的參與者，比得知數百萬個案的參與者更相信非洲南部面臨糧食危機。若是如此，這就違反了大數法則。

研究還有第三組參與者，研究人員帶他們認識這種「可辨識受害者效應」（identifiable victim effect）。了解荒謬就足以驅散荒謬嗎？這些置身我們所謂「干預情況」（intervention condition）的參與者也分成兩組：一組讀了數百萬人受苦的數據，另一組讀了七歲羅姬雅的故事。但兩組都讀了下面這段文字：

研究顯示，一般而言，對於有困難的特定人士，我們的反應會比看到相關數據強烈。例如一九八九年當德州「潔西卡寶寶」陷入困境，人們捐了超過七十萬美元救助她。數據（例如未來一年一定會有數千名孩童死於汽車意外）則很少喚起如此強烈的反應。

這段文字確實造成一方面的差異：讀了羅姬雅故事的那一組平均每人捐一．三六美元，比沒讀到「潔西卡寶寶」效應的那一組來得少。不幸的是，讀這段文字並未增加只看到數據、沒讀到例子的參與者的平均捐款。認識具體案例的力量或許讓人多少變得更理性，但對救助兒童會的捐贈總金額沒什麼幫助。說得抽象點，認識「可辨識受害者效應」的荒謬，並未讓人更容易受到較大數據影響。這就是為什麼很多像救助兒童會這樣的組織，都會在網站上和募款活動中講述數據和故事——再搭配幾張漂亮孩子的照片就更理想了。

但另一項研究卻顯示，我們確實有辦法幫助人們找出更多數據，且更信任數據，意即，教導他們**為什麼**大數法則是理性的。我可以單純敘述那項研究，但為了讓我的解釋更活潑、更難忘，我會以我自己為例。

小犬五歲時，我幫他報了滑雪初學班，他學會在冰上站起來走個幾步，但到第三季結束，他仍然只會這些（沒錯，是第三季，不是第三堂）。他七歲時我也幫他報了足球課。在一場比賽中，我注意到每當球朝他飛過去，他都會跑開。基於這些例子，在我看來，他很明顯對運動沒興趣。

然而，若要遵循大數法則，我們需要考慮**所有**運動，不只足球和滑雪，還有網球、排球、棒球、籃球、衝浪、冰壺、划船、攀岩、雪車、馬術、射箭——你明白我的意思。假設世界有一百種不同的運動，統計學稱之為「母體」（population），也就是要考慮的全部事項。我只觀察其中兩個樣本，滑雪和足球，卻做了以偏概全的推論。母體那麼大，卻以這麼小的樣本數做歸納，是有問題的。假設在一百種運動項目中，我兒子實際感興趣的有六十種。就算他喜歡的種類超過半數，媽媽最早要他試的兩種剛好不是他的菜，也不是不可能的事。畢竟，他不會喜歡的運動有四十種之多。

至於我兒子，他就讀的高中要求所有學生參加一項運動是好事，他當上了越野跑校隊隊長，到現在仍有跑步的習慣。或許他不是看到球來就跑開——純粹是喜歡跑步而已。

## 均值回歸

下一個統計學的概念：「均值回歸」，這不是很容易理解。我是在讀研究所時才第一次學到，老實說，我不覺得那時我真的理解。教了這個概念幾十年後，我想我終於知道該怎麼解釋了。一個不錯的起點，是俗稱的「《運動畫刊》的封面魔咒」（*Sports Illustrated* cover jinx），這常被拿來當作均值回歸的例子。

在一個人或一支隊伍登上《運動畫刊》封面後，他們的表現通常會開始變差。例如二〇一五年八月三十一日出刊的《運動畫刊》以世界頂尖網球選手塞琳娜・威廉斯（Serena Williams）為封面：她仔細盯著她剛拋上半空的球，準備揮拍發出。標題寫著：「萬眾矚目塞琳娜：大滿貫」（ALL EYES ON SERENA: THE SLAM）。內文則寫道：「塞琳娜有機會贏得生涯首次年度大滿貫……今年，塞琳娜已先後在澳洲公開賽、法國公開賽和溫布頓的決賽擊敗莎拉波娃（Maria Sharapova）、露絲・莎法洛娃（Lucie Šafářová）、穆古魯薩（Garbiñe Muguruza）。」但那期雜誌一上架，塞琳娜就在美國公開賽敗給義大利的文琪（Roberta Vinci），連決賽都沒進去。

二〇一七年九月四日，曾贏得四屆超級盃MVP和兩座NFL（國家美式足球聯盟）MVP的湯姆・布雷迪（Tom Brady）上了《運動畫刊》的封面。

那年他仍效力於新英格蘭愛國者隊（New England Patriots），而封面以這個標題宣傳新賽季：「愛國者的問題：勢不可擋的王朝有可能被阻擋嗎？答：不可能。」結果封面又錯了，在球季開幕戰，愛國者就以27比42敗給堪薩斯酋長隊（Kansas City Chiefs）。

以上只是兩個例子，但我並未忽視大數法則，一查詢維基百科，長長一串體驗過「《運動畫刊》封面魔咒」的隊伍和運動員，可一路回溯至一九五四年，即該雜誌創刊的那一年。

要是真有這種魔咒，它為什麼會發生？也許那些功成名就、登上封面的人物變得驕矜自大，鬆懈下來。或者，他們是因為鎂光燈打在身上而變得過度焦慮。但與其怪罪運動員本身，我們不如把這個魔咒解釋成名為「均值回歸」的統計現象。以下是曾被人拿來解釋這個概念的極端例子，稍後我會再說回《運動畫刊》的封面魔咒。

想像有一萬名學生做了一百道是非題。讓我們假設沒有任何學生具備與問題有關的背景知識——都是「珍妮佛·洛佩茲（Jennifer Lopez）的社會安全碼尾數是偶數」、「露絲·貝德·金斯伯格（Ruth Bader Ginsburg）在二〇一五年有十五雙運動襪」之類的問題。所有學生都得用猜的。換句話說，學生回答這些問題的能力毫無差異。但因為是是非題，這項測驗的平均分數不會是零分，比較可能是一百題答對五十題，且多數學生的得分在四十到六十之間。然而，雖然機率很低，最幸運的學生猜中九十五題，倒楣鬼只猜對五題，都是有可能的。

現在，假設同樣一萬名學生又做了一百道是非題，同樣全憑臆測。在第一次測驗猜中九十五題和五題的人，這次會發生什麼事呢？第一次猜對九十五題的人，極不可能再那麼幸運了；第一次有辦法躲掉九十五個正解的人，也極不可能再那麼倒楣了。因此，上個回合極幸運的受測者很可能會在這個回合得低分，極倒楣的受測者很可能會得高分，這與學生的知識、動機或焦慮無關。這是一種單純的統計現象，名叫均值回歸；第一次測驗的極高分多半會在第二次測驗趨向平均。

均值回歸不只在全憑猜測的案例中發生。做測驗也好、從事運動、音樂或其他活動也好，永遠有隨機因素影響他們的表現，使結果優於或劣於他們能力所及。記住這種統計現象，《運動畫刊》封面魔咒就比較容易理解了。

頂尖運動員也會受到隨機因素影響，像競技狀態、賽程難易、休息和飲食的品質、球的不規則彈跳、判決是否一致等等。當隨機因素對他們有利時，運動員更可能展現真正的天分，甚至超越天賦。那時我們會說：「**哇，她有如神助！**」那些表現優異到能上《運動畫刊》封面的人物，一路走來可能有許多隨機因素站在他們那邊。但在統計學上，那不可能，也不會永遠持續，沒有任何冠軍能保持完美的紀錄，這不是說表現卓越的人純粹是運氣好，一旦運氣用罄，就會退化成一般選手的水準。我要說的是，在競爭激烈、勢均力敵的比賽，就連一點點厄運也可能導致失敗，「魔咒」於焉而生。

要是忽略均值回歸，我們便可能犯下各種俗稱「回歸謬誤」的不正確因果歸因。例如，我們會認為某位選手成名後變得自大或懶惰，而其實他／她輸掉那場比賽只是因為均值回歸，同樣的情況也可能反向發生，讓我們過度歸功於某人。例如假設某位老師想出一種旨在激勵學生的新教學法，而在前一次考試成績最差的學生身上試驗，若學生成績進步，老師就會聲稱那是因為她的教法激勵他們學習。但這也可能只是均值回歸；前一次考差的學生可能是因為某些隨機因素不利於他們，像是運氣不好，或是考試題目剛好是他們沒讀到的，那些霉運因素連續在兩次考試起作用的機率很低。而對那位教師不幸的是，學生分數進步可能只是因為均值回歸。

回歸謬誤也可能發生在職場面試的情境，而這就是特定例子的力量——本章的主題——可能出問題的地方。很多聘僱決定，都是在面談或面試後做成的。躋身短短面試名單的人已經通過某個門檻，因此應試者之間的差異其實不大，使得隨機因素可能足以改變最終的聘僱決定。在面談或面試期間，應試者身上可能發生許多順或不順的事，其中許多並非他們所能掌控，主考官也可能因為早上開車上班時聽到某則晨間新聞而心情不好。我聽說有過應試者穿了不成對的鞋子出現，只因他趕著出門時那兩隻剛好擺在旁邊；不妨想像他在面試期間有多不自在。也可以想像某位應試者穿的藍襯衫，剛好是主考官喜歡的顏色，或是某位樂手試鏡時被要求演奏的樂曲，剛好是他練了一整年的曲子。

除了種種可能有利或不利於應試者的隨機因素，所有面談或面試天生都有這個問題：主考官只能觀察到應試者表現的「薄切片」。依據面試做聘僱決定是違反（現在可以用專業術語了！）大數法則的。但因為面對面互動生動、顯著、具體而難忘，主考官會認為自己觀察到應試者的真面目，而非是被隨機因素渲染、有所偏誤的表象。而這些在特定日子展現的小樣本特質留給決策者的印象，可能會使他忽略更能精確反映應試者技能的多年履歷。面試期間看起來出類拔萃的人，在聘用後可能沒那麼優秀。基於均值回歸，某種程度上，那也是我們該預料到的。在面試期間表現不精湛的人（例如那位因為穿了不成對的鞋而一臉緊張的應試者）說不定才是公司渴求的人才。

當我進入求職市場，希望獲聘為助理教授時，我有機會觀察到形形色色的心理學教授所採用千奇百怪的面試法。在一所大學中，研究委員會主任問我「形而上學」是什麼意思（因為我在面試報告〔job talk〕上說我不會談論因果關係的形而上學），所以我說了「事物如何確實存在於世，而非人們如何思索事物」的話。主任說：「錯。」（我到現在還不知道那錯在哪裡，或那天他到底發生了什麼事。）當然，我沒有得到那份工作；多年後，當時在場的一位教職員為主任的言行向我致歉。

如果你現在正要參加面試，你可能會希望主考官讀了這一章，這樣你只要攜帶履歷表和認識你很久的人寫的推薦信過去就可以了。希望不是你唯一的選項；你可以預先採取行動，來避免為別人所犯的回歸謬誤所害：那就是「擴大你的樣本」。因為世界上永遠有隨機因素，如果你多應徵幾份工作，那些隨機因素就比較可能相互抵消，進而提高你找到合適工作的機會——能珍惜你真正技能和經驗的工作。

但我們要怎麼避免自己犯下回歸謬誤呢？比如，面試官該做些什麼呢？如果可以，最直截了當的方法，是完全根據履歷表評估候選人。這或許聽來粗暴，但我真的認識這麼做的人——就是最終在耶魯大學聘用我的那位研究委員會主任，他告訴我，他不相信面試。為填補那三十分鐘折騰人的漫長面試時間，我得自己對我的教學理念和研究計畫提出問題，自問自答。而最終我得到了那份工作，我也選擇它，捨棄了其他得讓我經歷兩天傳統考問的地方，所以我毫無怨言。

不過，那種需要我們實際觀察應試者的聘僱決定，似乎就不能不親自面談了。履歷表和推薦信也許感覺起來太冷漠、太模糊；我們或許相信親眼看看真人，哪怕只是片刻，也能做出好得多的決定。問題在於，只要我們親眼見了，就很難不被那個印象所過度影響。不過，現在我們比較了解狀況了。

畢竟，很少人會只約過一次會就準備跟對方結婚。我們只需要提醒自己「均值回歸」，別對一場明星級的演出太過驚豔，或太在意應試者穿什麼鞋子，就像我們要約過好幾次會才考慮婚姻一樣，我們必須遵循大數法則，多觀察幾次應試者。我們要花更多時間和心力在不同的場景觀察他們，但到頭來，雇用不對的人或許比較便宜和容易。

## 貝氏定理

第三個可以幫助我們變得更理性的統計原則是「貝氏定理」。同樣地，讓我們從一個例子開始。

多數在一九九〇年代前於美國出生的成年人，都對二〇〇一年九月十一日的攻擊事件記憶猶新。影片在電視上反覆又反覆播放，凸顯高樓裡的那個洞，或街上塵土飛揚，報章雜誌充斥著廢墟的照片和怎麼把人救出來的報導，近三千人喪命，美國人悲不可抑。

令人遺憾的是，發動攻擊的是極端伊斯蘭團體蓋達組織（al-Qaeda），一些人卻將怒火燒向與那些團體毫無關係的美國穆斯林。針對穆斯林的仇恨犯罪迅速攀升。清真寺遭縱火，推嬰兒車行走的穆斯林女性遭到一名尖聲高喊反穆斯林穢語的女性攻擊。聖路易一名男子拿槍對準一個穆斯林家庭，大叫：「他們都該死！」二〇一五年，《華盛頓郵報》（*The Washington Post*）報導：「今天，反穆斯林仇恨犯罪仍比九一一之前普遍五倍。」

美國政府在九一一後立即實施的反恐措施也是鎖定穆斯林。聯邦探員搜查了阿拉伯人、穆斯林和南亞家庭居住的地區，成千上萬什麼違法事也沒幹的年輕人，只因屬於那個族群就被逮捕、拘留或「面談」。很多人努力阻止這種族群剖繪，包括美國公民自由聯盟（American Civil Liberties Union）的二〇〇四年報告，都指出族群剖繪的做法效率不彰，且起不了作用。

但族群剖繪為什麼毫無效果呢？或許有人會替恐伊斯蘭情結辯護，主張搜查每一個人不切實際，並引用九一一攻擊是由中東恐怖分子執行。但就或然率而言，族群剖繪完全不具正當性。要充分了解這句話的道理，我們必須了解一些機率理論的基本概念——尤其是貝氏定理。

想像這裡有一樣東西，而我們對這樣東西唯一知道的是，牠是無尾熊。

既然牠是無尾熊，那這樣東西是動物的可能性有多高呢？很簡單：百分之百。接下來，反過來想。這兒有另一樣東西，而我們對那樣東西唯一知道的是，牠是動物。既然牠是動物，牠是無尾熊的可能性有多高？顯然不是百分之百。

很棒！你已經證明你了解何謂條件機率（conditional probability）了，顧名思義，條件機率就是事件A（動物）在已知事件B（無尾熊），或事件B為真的條件下發生的機率。現在，我們已經確立A（動物）在已知B（無尾熊）之下的機率，和B（無尾熊）在已知A（動物）之下的機率不同。

這個例子簡單明瞭，而其邏輯適用於所有條件機率。但大眾常會混為一談，以為A在已知B之下的或然率等於B在已知A之下的或然率。一項證明這種混淆的知名研究，與我們如何解讀乳房X光攝影（mammogram）的結果有關。

假設有位女性罹患乳癌，我把「患乳癌」這件事稱作A。如我們所知，這位女性乳房X光攝影呈現陽性，也就是顯示乳房出現腫塊的可能性很高。讓我們把「乳房X光陽性」稱為B。也就是說，在已知A（乳癌）的條件下，B（乳房X光陽性）的機率很高。但因為如此，人們也認為，要是有位女性，在不知她是否罹患乳癌的情況下，乳房X光攝影呈現陽性（B），那表示她很可能患有乳癌（A）。換句話說，他們認為在已知B之下，A發生的機率也很高。但事實並非如此，只因已知罹患乳癌（A）的條件下，出現陽性結果（B）的機率很高，不代表已知陽性結果（B）的條件下，患有乳癌（A）的機率一樣高。

要從已知A之下B發生的機率，即P(B|A)，推算已知B之下A發生的機率，即P(A|B)，我們必須運用貝氏定理。那是在十八世紀中葉，由知名統計學家、哲學家和長老教會牧師湯瑪斯·貝葉斯（Thomas Bayes）發現。貝葉斯為什麼會對機率感興趣的說法很多，但我最喜歡的是他想要推翻哲學家大衛·休謨的反奇蹟論點[26]，如果你對此感到好奇，我會在解釋公式後回頭講。

貝氏定理常用來更新既有的理論或信念A，在已知新數據B的條件下的變化。比如在看了三部湯姆·漢克（Tom Hanks）主演的電影後，你也許相信，所有由湯姆·漢克主演的電影都很棒。現在你看了第四部，覺得爛（抱歉啦漢克先生，這只是打個比方，我是你的超級影迷）。有了這個新證據，你需要修正對「湯姆·漢克所有電影都很棒」這句話的信心。貝氏定理具體說明一種理性的方法來更新信念，怪不得它是數據科學和機器學習的關鍵。它說明在觀察到新的數據後，我們應如何調整對於某種信念的信心。

貝氏定理的公式（比愛因斯坦的 $E = mc^2$ 令人眼花撩亂）確實看起來很嚇人，且憑直覺難以理解。不想知道公式的讀者可跳過下面幾段，從「好」開頭的那一段讀起無妨（但如果你想知道貝葉斯怎麼處理奇蹟，就必須跟我一起走過底下的數學）。

貝氏定理是：

$$P(A \mid B) = \frac{P(B \mid A) \times P(A)}{P(B \mid A) \times P(A) + P(B \mid not\text{-}A) \times P(not\text{-}A)}$$

26. 奇蹟論證是針對「神的存在」所做的論證，其根據在於那些無法被自然或科學法則所描述的事件。奇蹟論證著名的例子之一是基督論證，此論證宣稱已有史料證據證明耶穌曾死而復生，這看來僅能以神的存在才能解釋。

P(A)和P(B)是A和B的基本率（base rate），例如乳癌有多常發生，以及我們有多常看到乳房X光陽性。「not-A」代表A不存在，例如未罹患乳癌。因此P(B|not-A)代表，就我們所舉的例子，未罹患乳癌的人出現乳房X光陽性的可能性（這有可能發生：乃緻密乳房〔dense breast〕所致）。

把乳房X光陽性的例子套用在這個定理，就算患有乳癌的女性呈現乳房X光陽性的機率很高，假設80％好了，而未患乳癌的女性呈現乳房X光陽性的機率很低，假設9.6％，那麼乳房X光呈陽性的女性，有乳癌的可能性，即P(A|B)，只有0.078，或7.8％。這個可能性非常低，而這或許是因為乳癌在人口中的基本率只有1％。這是帶入所有數字後的等式。

$$\frac{0.8 \times 0.01}{0.8 \times 0.01 + 0.096 \times (1 - 0.01)} = 0.078$$

這個機率很低，低到乳房X光檢測陽性者必須另行篩檢，而那也是有人主張不該建議做每年例行乳房X光攝影的原因。

在一項於一九八〇年代初期進行的研究中，參與者（包括執業的醫師）得到這些數字，而被要求估計乳房X光呈陽性的女性，實際患有乳癌的機率有多少。醫師的估計有比較高明嗎？沒有，大多數人，包括一百位醫師中有九十五位，猜測機率大約在75到80％。要有那麼高的機率，乳癌的基本罹患率必須高到離譜，比如30％。也就是說，唯有在乳癌危害三分之一，而非1％的中年婦女時，我們可以說乳房X光陽性代表80％的乳癌機率。因為乳癌比那罕見得多，靠乳房X光陽性偵測出乳癌的機率不到10％。

最後一點帶我們來到休謨與貝葉斯的對決，休謨質疑耶穌復活的可信度，因為在《聖經》以外，綜觀人類史，沒有哪個死人曾經復生過，而在耶穌釘死於十字架後，只有少數目擊者表示看到他。貝葉斯並未發表任何文章反駁休謨的論點，但根據現代哲學家和數學家的說法，他可以用他自己的等式反駁休謨。如果某人相信耶穌復活的機率（P(A)）很高，那麼因為有目擊者（假設目擊者像乳癌攝影一樣可靠），耶穌實際復活的機率就可能很高。換句話說，主張耶穌奇蹟真的發生，並未違反或然率理論的理性原則。當然，如果推理的人不相信耶穌是彌賽亞，以致P(A)非常低，那休謨的論點就合乎理性了。

好，我們繞了好長一段路來證明為什麼恐伊斯蘭情結既不理性又帶歧視。九一一攻擊仍歷歷在目，且深刻到烙印心上。因此，人們或許相信要是發生恐怖行動，就一定是穆斯林幹的。這句話本身就是不符大數法則的謬誤；樣本數太小，無法斷言所有，甚至多數恐怖活動都是穆斯林操刀。但讓情況更糟的是，世人也會混淆條件機率，也就是以「如果有恐怖行動，一定是穆斯林幹的」的想法為基礎，他們變本加厲，相信「如果某人是穆斯林，他一定是恐怖分子。」這就像是說「如果某樣東西是無尾熊，牠一定是動物」等於「如果某樣東西是動物，牠一定是無尾熊」一樣荒謬。

意志堅定的好辯者或許會說，就算兩者不一樣，動物是無尾熊的可能性，也比不是動物的東西是無尾熊大得多，所以這種推論出現了：隨便一個穆斯林是恐怖分子的可能性，比隨便一個非穆斯林是恐怖分子的可能性來得高，因此，族群剖繪就統計學而言是合理的，對吧？不對。

二〇二一年，美國成年人口約兩億，其中1.1％，或兩百二十萬，是穆斯林。這裡，我的分析是援用美國政府問責署[27]（U.S. Government Accountability Office）二〇一七年的報告，那提供了從九一一事件後到二〇一六年底發生的致命恐怖攻擊次數，這是我能找到最近期的紀錄了。根據那篇報告，從二〇〇一年九月十二日到二〇一六年十二月三十一日，暴力極端分子一共在美國進行了八十五次造成傷亡的攻擊。其中二十三件，或27%，可歸因於極端伊斯蘭主義者。這其中又有六件是同一人所為（二〇〇二年華盛頓特區狙擊手攻擊事件），三件是犯下波士頓馬拉松爆炸案的兄弟檔所為。因此，受到激進伊斯蘭主義觀念煽動而在美國造成死亡的恐怖分子人數不到二十三人；我從那篇報告中算出十六人。

對一些讀者來說，這個數字或許看來低得驚人，畢竟奧蘭多夜店槍擊案[28]

27.立法部門政府機構，為美國國會提供審計、評估和調查服務，是美國聯邦政府最高的審計與監督機構。

28.二〇一六年六月十二日，美國佛羅里達州奧蘭多一家同性戀酒吧發生的一起大規模槍擊案，共造成包括槍手在內至少五十人死亡，五十三人受傷。

和加州聖貝納迪諾辦公室派對濫射案[29]仍令人記憶猶新，這些都已算進來了，（如果你感覺一定不只這樣，那是另一種鮮明例子的效應所致，即心理學家丹尼爾・康納曼和阿莫斯・特沃斯基〔Amos Tversky〕所稱的可得性捷思法〔availability heuristic〕：我們會基於事件有多容易回想起來，來判斷事件發生的頻率。）

現在，我們來計算美國街上隨便一位穆斯林成年人剛好是恐怖分子的機率有多高。那會是穆斯林恐怖分子的人數，十六人，除以美國穆斯林總人數兩百二十萬，得出來的商是0.0000073，或0.00073%。也就是說，就算聯邦探員拘留了一萬名成年穆斯林，那其中有一名恐怖分子的機率幾乎等於零。（如果還是有讀者不相信我估計的「十六名穆斯林恐怖分子導致二十三起致命攻擊」，這裡應該不難了解，就算數字提高到一六〇，機率仍趨近於零。）

試圖為族群剖繪和歧視穆斯林找理由的人，並不了解條件機率，在那取樣的十五年內，於美國本土行動的恐怖分子是穆斯林的機率是27%。亦即，如果盤查一百名已知的恐怖分子，有二十七個可能是穆斯林。那比例相當高，但那不是我們在決定拘留民眾時該使用的機率。我們該用的是逆機率（inverse probability），而逆機率趨近於零。

世貿中心烈焰熊熊的畫面，和奧薩瑪・賓拉登[30]（Osama bin Laden）的臉孔仍深烙在我們的腦海。那些一旦和條件機率混在一起，我們就會掉進非常粗暴的偏見，而那會傷害無辜百姓。

## 善用具體的例子

統計很難，這不令人意外，因為我們很少碰到龐大的數字，或和採樣的全部人口互動。我們很難想像顛峰或極差表現背後，所有會導致均值回歸的隨機因素，機率的觀念要到一五六〇年代才被帶進人類文化中。即使你可以學會我們這一章介紹的三種統計學概念，也不容易在日常推論時謹記於心。

29. 二〇一五年十二月二日，美國加利福尼亞州聖貝納迪諾發生了一起槍擊案，造成十四人死亡、二十一人受傷。

30. 二十一世紀國際恐怖組織中最具代表性的人物之一，被稱為恐怖主義的「精神領袖」。

這些概念我教了數十年，但我也常發現自己過度受到軼事影響，既然具體的例子如此強勁有力，就讓我們舉出一些可以如何善加利用的構想，來幫這一章劃下句點吧。

我們或許以為，一旦我們透過某個強有力的例子學會了某件事情，就能應用在新的局面。畢竟，學習的目的不就是為了將知識移轉到未來會面臨的新問題上嗎？但諷刺的是，透過案例學習，須附帶一句重要的警語。為闡明這點，請看看你能否解決下面的問題：

假設你是一位醫生，你的病人胃裡出現惡性腫瘤，沒辦法開刀，但不處理掉腫瘤，病人就會沒命。某種X光治療帶來一些希望，如果X光能以足夠的強度一舉射中腫瘤，就能消滅腫瘤。但不幸的是，在往腫瘤的路上，高強度射線通過的健康組織也會被摧毀，而強度較低的射線對健康組織無礙，但也不會對腫瘤構成影響，你會採取哪一種做法來消滅腫瘤，同時保住健康組織呢？

如果你沒辦法解決，別擔心。這問題很難，而且不是什麼智力測驗。所以，給你一個提示好了，請回想我提過的一個例子，這一章開頭，將軍與獨裁者堡壘的故事，現在解決方案應該很清楚了：從多個方向發出放射線，聚合在腫瘤上。

在一項用了這兩個問題的研究中，密西根大學的學生（意思是非常聰明的學生）先讀了三個故事，其中一個是堡壘的故事。為了確定他們沒有跳過，他們被要求憑記憶概述一番。四分鐘後，他們被問了上述腫瘤問題，結果只有20％能解開。每十個聰明的學生中，有八個未能記得並應用他們才剛讀過且概述過的例子，而你讀完這一章的時間可能不止四分鐘，怪不得你連不起來。

但如果你明確暗示受測者可應用前面提過的故事，幾乎每個人都可以提出那個方案。這意味著困難之處，不在於將已知的辦法應用到新的問題，而在於從記憶自動擷取。這不是好消息，因為那意味著在老師為學生解釋某種方法四分鐘後，除非有人給予清楚的提示，學生並無法將方法應用於新的狀況。

但這一章不是在講例子有多強大嗎？若是如此，學生怎麼會想不到呢？這裡並沒有矛盾，例子是強大在人們更可能想起無關的細節，像是有將軍、有堡壘等事實，而非故事真正的重點：抽象的聚合原則。

既然鑑定出這個挑戰，研究人員試了各種方法，想幫助學生自發性地找回他們從例子中學到的根本原則，其中最有效的方法，是在多個故事裡展現同樣的原則。例如，你剛在將軍攻克堡壘和醫師治療腫瘤的脈絡中學到聚合的方法。如果你看到第三個也需要用聚合去解的問題，就更有可能將那些例子轉移過去。

換句話說，如果你說故事是為了凸顯某個重點，那麼把那個重點多嵌入幾個故事，並把那些故事通通說出來，你的重點更可能被記得。前文提到耶穌的例子，堪稱說故事大師的他，似乎深諳這種技巧。為解釋上帝歡迎迷惘的靈魂，耶穌說了牧羊人的寓言：他很高興能找回一隻迷途羔羊，就算其他九十九隻羊都沒有走失。然後耶穌接著又說了另一個寓言：一名女子到處尋找遺失的一枚銀幣，找到時還慶祝一番，就算她還有九枚銀幣。

你可能已經注意到，我不是只用一個，而是起碼兩個例子來介紹同樣的

概念。但願下一次你看到一群孩子踢足球，或在收件匣裡收到慈善機構寄來的勸募信時，比較可能自動想起大數法則。看到藥妝店雜誌架上的《運動畫刊》，或跟某人有好到難以置信的第一次約會，會讓你記起均值回歸。P(A|B) 不等於 P(B|A) 的重點，則可望在你聽到非伊斯蘭的恐怖行動，或遇到不是無尾熊的動物時浮現腦海。

# 05

# 負面偏誤

## 害怕失去會怎麼害我們迷途

我曾浪費不少時間選購新手機殼，我當時用的那個有 Snoopy 圖案，對教授來說有點太可愛。我在迷宮般的網路商城找啊找、找啊找。還記得我在第二章提過的「最大化者／滿意即止者」量表嗎？——測量我們找東西時要找到多完美的傾向，這量表我拿到最高分。就購物而言，我不找到十全十美的物品絕不罷休。最後，我遇到一個看起來頗有希望的殼子，我喜歡它在相片裡的樣子，網路評價也很好，在五顆星裡平均拿到四顆星。

然後我開始讀評論。最前面四個人給它五顆星：「很喜歡！材質棒又好看。」、「我男朋友很愛！堅固耐用又容易拿。」、「品質優良……各方面都很完美……很漂亮！！」、「外表時髦，用四個禮拜了，到現在一切都好！」

然後，我看到一個一顆星的評論。「很好看的殼，但非常脆弱，用一手拿不舒服，不到一星期就破了。」我先讀到的那四個五星好評沒辦法抹消這個一星負評造成的傷害，最令我掛心的是那個人說殼子不到一星期就破了，就算正評斬釘截鐵地說那堅固耐用，用了四個禮拜都沒問題。所以，Snoopy手機殼又用了一年。

## 負面偏誤的例子

就算你不是我這種「最大化者」，一樣會過度受到負面資訊影響。在一項研究中，研究人員測試了正負評會如何影響電子產品的銷售，例如照相機、電視、電玩。研究人員選了三百件在二〇〇七年八月到二〇〇八年四月期間於亞馬遜（Amazon.com）販售的商品，蒐集它們的銷售排名和獲得的正評（四到五顆星）及負評（一到兩顆星）百分比，檢視兩者間的關係。如你所料，負評百分比確實與銷售排名呈現負相關，正評百分比與銷售排名呈現正相關。但更重要的是，研究人員比較了影響的程度，負評百分比對銷售排名造成的衝擊，比正評百分比大得多。

眾多心理學研究皆顯示，人重視負面資訊勝過正面資訊，而且不只在判斷產品時如此，在判斷人時也是如此。假設有個男人名叫約翰，你只見過他兩次。你第一次見到他時，他人在某間餐廳和一些朋友吃飯。他看起來不特別親切或活潑，但似乎還滿善於社交的。第二次，你站在戶外一張桌子旁，上頭有一張海報寫著「救救在地企業」。約翰走路經過，沒有停下腳步，完全不理會那個請他簽請願書的女性，你可能以為你親眼目睹的多少算正面的行為和多少算負面的行為，會彼此抵消。然而，人會比較重視負面行為，所以你對約翰的整體印象可能趨於負面而非中立。

負面事件也比正面事件容易影響我們的生活。一起童年創傷事件，例如性侵害，就可能留下一輩子的傷害，包括憂鬱症、人際困擾、性功能障礙等。這樣的事件不容易被童年其他正面事件抵消，就算快樂的事情遠比壞事來得多。

負面偏誤可能對我們構成嚴重危害而使我們做出顯然不理性的決定。例如，我們會傾向避開負面陳述的選項，而樂於接受實情相同但以正面表述的選項。因此，人們會喜歡準點率88%的班機勝過誤點率12%的班機；認為避孕成功率95%的保險套優於失敗率5%的保險套；寧願接受在通貨膨脹12%

時的5％加薪，也不會接受通膨為零時的7％減薪。

我在這方面最喜歡的研究之一，與牛絞肉有關。25％的肥肉聽起來不妙；那等於說你要吃下肚的東西整整有四分之一是純脂肪。相反地，75％瘦肉，明明意思一模一樣，聽起來卻健康優質多了。如果有人施展這種行銷伎倆，希望我們相信兩者不一樣，我們可能以為我們不會上當。事實並非如此。在一項研究中，研究人員料理了牛絞肉，請參與者品嘗。研究人員並未告訴我們牛肉是幾分熟，或有沒有加鹽和胡椒，但確實透露了一個基本資訊：大家吃的是一樣的牛絞肉，且以相同方法料理。唯一的差異在標籤：半數參與者被告知它是「75％瘦肉」，另一半則被告知它含「25％脂肪」。這足以造成差異。比起吃到「25％脂肪」的參與者，品嘗「75％瘦肉」的人給碎牛肉的評價比較不油、比較精瘦、品質和口感也比較好。

## 哪個成績比較好，有A有C，還是全都B？

讓我對「負面偏誤」燃起興趣的，是大學入學程序，後來我也對此進行研究。在我最大的孩子開始考慮申請大學時，我開始做這項研究。我買了、讀了三本探討大學入學的書，因為在韓國念大學的我，不清楚申請人這端的程序。除了解釋申請入學的技術層面，每一本書也都強調學生要在特定領域展現熱情與熱忱的重要，其中一本稱之為「鉤子」。

在我坐在程序的另一邊時，我也注意到類似的強調。在耶魯，入學委員會是由非常能幹的招生負責人運作，但他們每次會議都會邀一、兩位教授列席。這些年來，我在上完培訓課程後參加過幾次這種會議，在那裡見識了耶魯入學政策的正式聲明。那是由前校長金曼．布魯斯特（Kingman Brewster）在一九六七年撰寫，並沿用至今：「我們希望【我們的畢業生】都能成為所屬領域的佼佼者，是管理商業或國家公共生活的藝術和科學也好，透過實踐某項專業來提升國人生活品質的努力也好……不管最後做什麼，應試者都可能成為該領域的領導人。」換句話說，成功的應試者不必事事完美（而且他們想做什麼都可以），但他們應於某一領域表現傑出。事實上，如大學入學手冊所載，這樣的觀念不限於耶魯。《華盛頓郵報》一篇報導做了精闢的總結：「大學想要全心投入——並擅長某件事的孩子，他們最常用的一個詞是熱情。」《美國新聞與世界報導》（*U.S. News & World Report*）也把熱情列為提高大學入學機會的第一要素。

但我突然想到，這般強調熱情似乎和我剛討論的強大心理學現象有所牴觸：人受到負面資訊的影響大於正面資訊。讓我們用一個簡化的例子來說明這種不一致：假設同一所高中有兩位準畢業生，卡爾和鮑勃。卡爾在特定學科一直拿A和A+，但也有學科拿到C和C-。這種模式暗示卡爾在某些學科比其他人有熱情和熱忱。鮑勃的成績則比較平均，所有學科都拿B、B+或B-，沒有C也沒有A。假設兩人的GPA（學業成績平均點數）一樣，如果你是大學招生官員，而兩人的成績單是你唯一有的資訊，你比較中意哪個學生呢？

如果熱情是最重要的特質，招生官員應該選卡爾。但人比較容易受到負面資訊影響。要是這種負面偏誤主宰了決策，那（假設）卡爾在化學拿到的A，可能無法彌補英文C所造成的傷害，於是官員會中意鮑勃。為了解負面偏誤在遭遇抗衡標準時還有多少力量，我決定進行實驗。

首先，我們製作了像卡爾、鮑勃這樣的學生的成績單。為避免課程偏誤，我們製作了很多種，讓A和C平均分布於不同課程。然後我們招募參與者，請他們選擇要讓哪個學生入學。有些參與者是從網路平台招募，有些則是大學生——他們當然不久前才經歷入學申請程序。最後，我們也招募了全美各地大專院校的招生委員。當我們請他們從各科成績相差懸殊的學生與成績平均的學生中擇一，多數參與者選了後者，沒有C也沒有A的那一位。尤其有近八成的招生委員比較中意成績平均的學生。

參與者也判斷，學業成績平均的學生比有A有C的學生更可能在大學裡拿到較高的GPA，也比較用功、負責、自律。另外，他們預測成績平均的學生比落差大的學生更可能成為中大型企業的所有人、擁有高階管理生涯，或擔任政府官員、律師、醫師、工程師。他們也預期成績平均學生的年所得會高於成績不平均的學生。儘管GPA相同、學校也偏愛熱情，結果仍是如此。

我們試了各種版本的成績單來確定這種效應是否可以複製。尤其「熱情和熱忱」可是競爭激烈的大學再三強調的標準，他們也遠比第一項研究的受測者更重視GPA。所以我們又做了一次實驗，這一次只從競爭最激烈的大學（沒有讀者不認識的學校）招募招生委員。另外，兩組假設的學生學業成績都很高，GPA在總分4.3中拿到4.0。這一次，成績平均的學生除了一科A+、一科A-，其餘各科都拿A，也就是這位學生沒拿到很多A+，但最低也有A-。成績不平均的學生則有比較多A+：一共八科拿A+。但，哎呀，他有三科B+。儘管如此，兩位學生的GPA一模一樣。結果，負面偏誤依然盛行。招生委員喜歡沒有任何B+的好學生勝過有B+的好學生，就算後者有八科A+。

在繼續說下去之前，我必須先放個重要的免責聲明。學生仍應為他們喜歡的科目投入額外的心力，並獻身於熱情。各科成績不均的學生不應覺得氣餒——許多這樣的申請者仍獲得理想學校青睞，請記得大學入學要審核的資訊比GPA多得多，尤其注重推薦信、課外活動和文章。

## 損失規避

由於負面偏誤影響了那麼多不同種類的判斷，怪不得那也會在我們做涉及金錢的決定時左右我們，但負面偏誤會以哪種方式運作，可能相當隱晦。

一九七〇年代，名為「行為經濟學」的領域開始獲得廣大注意，行為經濟學可視為心理學與經濟學的互動；其主要議程在於研究人類的判斷和選擇會如何違反經濟學發展的理性原則。

行為經濟學揭露了許多認知偏誤和思考陷阱，挑戰了經濟學的基本前提：人類的行為是以合乎邏輯的選擇為基礎。（讀者或許已經見過很多篇類似這種標題的文章和網路貼文像是：〈六十一個搞砸我們所做一切的認知偏誤〉、〈認知偏誤小抄：因為思考很難〉。）

一九七九年，丹尼爾・康納曼和阿莫斯・特沃斯基發表了行為經濟學領域非常重要的論文：〈展望理論：風險下的決策分析〉（Prospect Theory: An Analysis of Decision Under Risk）。為量化一篇論文有多大影響力，學術界常用的一個指標是該論文被其他已發表的論文引用的次數。根據一份結算至二○二一年的引用索引，這篇論文已被引用超過七萬次。要了解七萬次這個數字有多高，不妨跟史蒂芬・霍金[31]（Stephen Hawking）一九七三年探討黑洞的論文做比較：後者約為前者的五分之一。

特沃斯基和康納曼提出的革命性概念，包含這個卓越的識見：我們會以不同的方式對待同樣的貨幣價值，取決於我們賺錢賠錢，這就是所謂的損失規避。很多讀者可能都聽過這個名詞，但我在主流媒體上見過很多人誤用——基本上把它解釋成人喜歡賺錢勝過賠錢。康納曼可不是因為如此明顯的觀察而獲頒諾貝爾獎！另一種誤解，是把「損失規避」和「風險規避」混為一談，意味著人不喜歡承擔風險——人確實不喜歡，但這是兩回事，我們會在第八章加以解釋。所以讓我們確定自己真的了解「損失規避」是什麼。

傳統經濟學家會說，不論你獲得一百元或損失一百元，一百元的價值都一樣。這似乎是非常理性的思考方式，因為金額確實沒變。所以，如果你洗衣服時在烘衣機裡發現一張百元鈔，那會讓你高興得不得了，假設在某個正負心情量表測出三十七個單位，然後，當那張一百元從你口袋掉出來，得而復失，這樣你的不開心也應該有三十七個單位。但康納曼和特沃斯基主張，那一百元在我們獲得和損失的時候，感覺起來並不一樣。這裡舉個例子。

假設我邀你玩一個簡單的遊戲。我丟銅板，如果人頭朝上，我給你一百

31. 公認為當代最偉大的物理學家之一，二〇〇二年霍金在BBC的「最偉大的一百名英國人」民意調查中名列第二十五位。

元，如果反面朝上，你給我一百元。你會玩這個遊戲嗎？十之八九不會。

現在，讓我們給這個遊戲增添一點吸引力。如果丟出反面，你給我一百元，如果丟出正面，我給你一百三十元，來個更花稍的：我們可以算出這次打賭的期望值。你損失一百元的機率有50％，贏得一百三十元的機率也是50％，所以期望值是 $0.5 \times (-\$100) + 0.5 \times \$130$，得出十五元。也就是說，如果你賭了又賭、一賭再賭，有時候贏有時候輸，那你可以期望最後拿到的平均報酬是十五元。聊勝於無，所以像數學家、統計學家、經濟學家那樣思考的理性人士，應該選擇賭下去（假設他們想賺錢的話）。但同樣地，只有少數人願意用這套規則玩遊戲，我當然也不會玩。有一三〇元當然好，但要是只因銅板表現不如我意就得放棄現金一百元，那就悲劇了——比因為停車計時器超時五分鐘而拿到違規停車單還悲劇。所以我會跟多數人一樣放棄那個機會，就算它價值十五元。

要到贏／輸比來到二．五比一（也就是正面你贏兩百五十元，反面你輸一百元）以上，多數人才願意玩，這就是損失規避，損失看來比獲得巨大得多，人衡量負面衝擊的嚴重性遠大於正面衝擊。

若轉換成現實生活的投資決定，讓我們假設愛莉得到投資一萬美元的機會，同時假設結果只有兩種。有一半的機會，那筆投資會在一年內成長到三萬美元，所以她不到一年就能獲利兩萬美元。但也有50％的機率，愛莉再也看不到那一萬美元！聽起來好慘。於是愛莉拒絕了這個期望值明顯為正的機會：0.5 × $20,000 + 0.5× (-$10,000) = $5,000（獲利）。在你需要做決定的時候，像這樣計算期望值或許有助於避免損失規避的負面效應，但正如我們將看到的，損失規避可能以較無形的方式出現。

假設你終於下定決心擺脫你的老爺車，買部新的。你花了一個月研究，選了品牌和車款，也拜訪了經銷商。你和你先生一致認為你們想要天空銀金屬色的車身，「煤灰」皮革座椅，你以為一切都搞定了。但接下來業務員開始問你各種選項，像是自動調光鏡、盲點警示、「閃避轉向輔助系統」等等。他說基本款賣兩萬五千美元，但你可以用一千五百美元加裝X設備、五百美元加裝Y設備等等。他每介紹一種設備，都會解釋那會怎麼讓你的生命更妥適、更安全——也就是你能獲得什麼。

在另一間經銷店，一位更精明的業務員反其道而行。她從「全配」車款三萬美元開始，接著說，如果你要放棄可能救你一命的X設備，價格是兩萬八千五百美元，如果你也不要能讓路邊停車更容易的Y設備，價格是兩萬八千美元。當業務員用你會失去的設備，來建構你的選擇，這就會啟動你的損失規避按鍵。

這有效嗎？一九九〇年代進行的一項研究，就請參與者想像我剛描述的兩種情況之一。從基本款一萬兩千美元（那時的車價便宜得多）開始、再被詢問要增添哪些設備（用你可能獲得的東西來建構選項，下文簡稱「獲得建構」）的人，平均花了一萬三千六百五十一．四三美元。反觀從全配款一萬五千美元開始、再被詢問要減去哪些設備的人，最後平均花了一萬四千四百七十．六三美元，將近比「獲得建構」組多花八百美元。如果我們把這金額轉換為目前的車價，假設兩萬五千美元，那麼只因價格以「損失建構」呈現，就會讓消費者多掏一千七百美元出來。

我剛引用的研究大多發生在研究室，做決策或判斷的對象都是想像的情境，所以捍衛人類行為理性模式的經濟學家大可加以駁斥，說那些無法在日常生活，具有千真萬確風險的情勢中複製。有趣的是，一些作此主張的研究人員在芝加哥海茨（芝加哥南方三十哩的城市）多所城市八年制學校（K-8）的現實環境裡，進行了他們所謂的「田野實驗」。實驗不只有虛擬的情境和虛擬的金錢，而是涉及真實的金錢，也就是教師的薪水。

你也許聽過教師激勵計畫，也就是如果學生在標準化的測驗中表現良好，教師就可獲得績效薪資，一種典型的做法，是在學生受測後給教師年終獎金。在芝加哥海茨進行的研究中，隨機挑選一些教師處在「獲得」狀態，即採用傳統方法；他們會獲得年終獎金，視學生進步幅度而定。依據研究人員事先設定的報酬率，期望值為四千美元。

另一組隨機選擇的老師，則在年初先拿到四千美元。這組處於「損失」狀態，因為要是學生年底的表現低於平均，他們必須退還四千美元和他們實際有資格獲得的獎金之間的差額。

研究人員保證，參加實驗的教師不論是處於獲得或損失的狀態，一定會基於學生表現拿到該拿到的淨報酬。研究人員想測量的是，給予獎金的時機差異，會不會影響教師感受到的激勵，以及會不會連帶影響學生的表現。也就是說，分別由試圖贏得獎金的教師和不想失去獎金的教師執教的學生，一整年的平均成績會進步嗎？——兩者皆是，抑或兩者皆非？

在獲得的狀態，激勵計畫基本上毫無成效。這不是類似這樣的激勵計畫第一次失敗；一項於紐約市進行的研究也呈現同樣的結果。年終獎金（至少就這項研究的金額而言）就是不足以激勵教師。

反觀教師處於損失狀態的學生，成績進步了多達十個百分點。對教師而言，不想放棄金錢似乎是頗強大的激勵因素。不過，當然，唯一的差別是給付時間！

雖然結果令人印象深刻，我們仍需觀察，這項研究會不會，或該不該為公共政策帶來變革——很可能處在損失狀態的教師是受到激勵來「提升學生應試能力」，或用其他方法玩弄制度罷了。但回到日常生活，我們可以思考怎麼用同樣的技巧來激勵他人，甚至我們自己。

一年夏天，我請我兒子粉刷屋子的露台，事成付他酬勞，那對高中畢業生來說是一大筆錢，而他欣然允諾。夏天過去，他只郵購了刷子、滾輪、滾輪盤和高壓清洗機。在我恍然明白他不會在離家念大學之前粉刷後，我一邊在炎炎夏末刷油漆，一邊不由得想，我為什麼不先付他錢，但告訴他，如果露台維持原狀，他得把錢還我呢？

我沒有那樣安排，或許是因為先把錢給人家再要回來的感覺很粗暴，甚至殘忍。我無法想像先給我的髮型設計師小費、不滿意成果再要回來的情景，也不妨想想芝加哥海茨公立學校那些處在「損失」狀態的教師，萬一學生在某項測驗表現不盡理想，他們的壓力有多大。他們一定覺得自己一直面臨損失金錢的威脅；教師薪水不高，所以那筆額外收入很可能已被拿去繳帳單或購買他們真正需要的東西。但諷刺的地方就在這裡：我們討論的是一樣的四千美元，但得到後再失去，感覺起來比一開始就沒得到糟糕得多。

## 稟賦效應

損失規避也有助於解釋，為什麼買方和賣方在議價時，很少對商品價值有共識。假設安妮正在找一部二手健身車，找到一部已經用了三年、原購價三百美元的。安妮認為那值一百美元；雖然看起來跟全新的一樣，但**畢竟是**三年前的款式了。物主珍妮則認為那值兩百美元，因為她幾乎沒用過，這是二手物品交易非常普遍的情節：賣家心目中的價值比買家高。在行為經濟學中，這種現象稱為「稟賦效應」（endowment effect）。

當然，會出現這種價格落差，可能只是因為賣方希望賺愈多愈好，買方則希望付愈少愈好。原物主也可能對東西有感情了。但除了這些因素，稟賦效應也會因為所有權和這樣的本能起作用：我們必須避免失去屬於我們的東西，無論我們擁有的時間有多短促——就是因為損失規避。稟賦效應會突然湧現，甚至比出現依戀的情感還快，下面這個巧妙的研究證明了這點。

這項實驗請大學生從下面兩件東西中挑一件：印有他們就讀大學標誌的馬克杯，和一條瑞士巧克力棒。約有半數學生選了馬克杯，半數選了巧克力棒。這只是基本情況，以確定有多少比例的大學生可能喜歡這個勝於那個。然後另一組同校學生也被提供同樣選擇：馬克杯和巧克力棒。但這一次，研究人員先給學生馬克杯，告訴他們可以留著，然後再問他們願不願意拿馬克杯換瑞士巧克力棒。這基本上和問他們想要馬克杯還是巧克力棒沒什麼差別，所以，既然基本情況是一半一半，應該有半數的人願意交換，結果只有11%的學生選擇拿馬克杯換瑞士巧克力。

為確定先給馬克杯沒什麼特別之處，第三組學生先拿到巧克力棒，然後被問要不要換馬克杯。同樣的情況發生了。儘管該有半數願意交換，卻只有10％願意這麼做；90％要留著巧克力。

這裡特別引人注目的是，被先給馬克杯或巧克力棒的學生，還沒有時間跟東西培養感情。他們也沒有試圖從中獲利，而馬克杯和巧克力棒顯然也沒多少轉賣價值。然而，一旦他們擁有馬克杯，把它換出去就等於失去它，巧克力棒的情況雷同。人就是討厭失去他們擁有的，就算那才到手一下子而已。

奇怪的是，一項研究顯示，失去的痛是名副其實肉體的痛，參與者服用一千毫克的乙醯胺酚或安慰劑，然後花三十分鐘填寫與此無關的調查——足以讓乙醯胺酚產生藥效。然後半數參與者拿到馬克杯，並被告知可以留著（稟賦狀態），另一半拿到馬克杯，但被告知那是研究室的財產（非稟賦狀態）。最後，所有參與者，不論有沒有服用乙醯胺酚，都被問到假如他們要轉售馬克杯，打算開價多少。服用安慰劑的人出現稟賦效應；他們的售價在稟賦狀態時比非稟賦狀態高出一截。但服用乙醯胺酚的人則沒有出現；不論有沒有獲贈馬克杯，他們的售價在統計學上沒有差別，如果普拿疼在副作用表上加入這句警語，一定很好玩：「乙醯胺酚可能會使你忘卻損失，以低於平常的價格賣出你的財物。」或者，如果FDA（食品藥物管理局）准許，他們或許會開始這樣打廣告：「拋不掉不敬業的夥伴嗎？我們幫你。」或「想快點賣掉你的房子嗎？請服用普拿疼。」

## 為什麼會有負面偏誤？

一如許多認知偏誤，負面偏誤與我們同在是因為它從過去到現在都有用處。有些科學家主張這種偏誤可能在早期人類史格外有必要，因為那時我們的祖先生活在生死邊緣，失去即可能意味死亡，所以必須將預防可能的損失列為首要之務，當你無法承受失去任何東西時，額外的獲得遂成為一種奢侈。打個現代的比方，那就像是你在公路開車時，油箱指針正指著「E」，鮮紅的「沒油」指示燈已經亮了十五分鐘，而你知道下一個出口還有十哩遠。如果遇到這種情況，就算外面燠熱難耐，你也不介意把冷氣關掉，因為你連一滴油都浪費不得。

我們現在生活在較富足的環境，多數人不必把每天的損失視為對生命的直接威脅。但負面偏誤仍扮演相當實用的角色，因為那吸引我們關注需要修正的事物，我們不必時時關注運作順暢的事。例如，平常我們不會意識到我們的呼吸或行走；只要它們有在運作，我們就視為理所當然。那是好事，因為我們不該浪費心力過度思考我們不費吹灰之力就能做到的事。然而，一旦我們的呼吸變吃力，行走變困難，就該採取行動了。失去呼吸行走能力的威脅，是強大的動因。同樣地，當我們即將失去什麼原本擁有的東西，我們的注意力也會集中在那上面，就像成績C和D不只是等第，也是學生該多花點心思在學業上的信號。爸媽身上也找得到與生俱來的一種負面偏誤：他們天生就會回應嬰兒的負面訊號，例如嚎啕大哭、或發出不尋常的顏色或氣味。讓爸媽徹夜不眠的不是嬰兒可愛的笑靨或柔嫩的肌膚，而是哭泣和嘔吐，這是生物學上的負面偏誤，是為我們的後代內建的。

## 負面偏誤的代價，我們又該如何是好？

就算負面偏誤過去對人類具有效用，或許至今在某些情境仍有用，但一旦變得極端，就可能有害。例如，要是爸媽到孩子步入童年時還對他們的問題那麼敏感，這就是青少年戲劇的情節了：**你功課寫好沒？你的臉怎麼了？你為什麼不多運動？**而因為這些偏誤可能是與生俱來的，若只是意識到，未必能幫助我們避免淪為它們較大害處的獵物。但話說回來，我們並非毫無招架之力。我們是有辦法抗衡負面效應的，這兒有兩個可行的策略，其一可避免因為損失規避而做出錯誤的選擇，其二可在稟賦效應時運用。

負面偏誤最顯著的代價，就是促使我們做出錯誤的選擇，我們可能因為讓少許負評抵消數十個好評，而錯過一本原本可能改變我們一生的書，可能因為太過擔心損失一點錢的可能性，而放棄照期望值來看相當好的投資機會。

一個可能在這樣的例子奏效的方法，是利用另一種名為框架效應（framing effect）的認知偏見。我們的喜好和選擇常取決於「選擇建構的方式」，而非「選擇本身」。我已在前文描述過一些框架效應的例子。其中一例是我們可能會搭準點率88％的班機，避開誤點率12％的班機；另一例則是兩名業務員的對比，一名先提出汽車全配報價再逐項遞減，另一名沒那麼高竿的則從基礎價開始，再試著一項一項加上去。

框架效應可能強大到攸關生死，當肺癌病人被告知若進行手術，存活率達90％，會有超過八成的病人選擇動刀。但若改說他們術後有10％死亡率，就只有半數選擇手術了。顯然，院方應同時採用兩種說法，讓病人的決定不會受到負面偏誤或正面偏誤影響。

進一步拓展框架效應，我們也可以試著重新建構我們問自己的問題。以下研究就闡明了這件事。參與者讀了正在鬧離婚的A家長與B家長之間的監護權戰爭，參與者獲悉與監護權判決有關的詳盡資訊，如下表所列。

| A家長 | B家長 |
| --- | --- |
| 所得在平均值 | 所得高於平均 |
| 跟孩子關係還算和諧 | 與孩子關係親密 |
| 社交生活相對穩定 | 社交生活非常積極 |
| 工作時間一般 | 常因工作而出差 |
| 健康一般 | 有一些輕微健康問題 |

A家長在各方面表現平均，不好也不壞。B家長則混雜了一些正面因素，如「所得高於平均」，和一些負面因素，如「常因工作而出差」。

一組參與者被問到他們會拒絕把監護權給誰，多數選B家長，這合情合理。畢竟B常因工作出差，還有一些健康問題，雖然不嚴重。非常積極的社交生活對小孩也不好——他們可能這麼推想。

另一組參與者被問一樣的問題，但問法相反：他們會把監護權判給誰？這一組參與者多數選B。這也合情合理，因為B家長跟小孩關係親密，且所得高於平均。但這就意味，綜合這兩組來看，B家長既被判定比A家長好，也被判定比A家長差。

尋找拒給監護權的理由時，我們會著眼於負面特質，而忽略正面因素。尋找判給監護權的理由時，我們會聚焦於正面特質，忽略負面因素。（如果這讓你想到第二章討論過的確認偏誤：「我快樂嗎？」與「我不快樂嗎？」的效應，這是應該的，因為這裡是同樣的機制在運作。）因此，當你覺得自己被負面因素過度干擾時，不妨把問題改成正面的問法（不只是你要拒絕哪個選項，還有你要選哪個）或許就能取得較中立的平衡。

現在，讓我們想想可以怎麼避免稟賦效應，稟賦效應可能使我們做出錯誤的選擇，因為擁有一樣東西，會讓我們敝帚自珍，認定它有高於實際的價值。行銷策略就會利用稟賦效應使我們上當，免費會員試用期是最常見的做法，我們知道可以免費三十天，進入倒數階段時，店家會提醒我們取消會員，所以感覺起來還不錯。但一旦擁有會員，稟賦效應便會讓它感覺起來別具吸引力，於是我們忽然覺得好像不能沒有這玩意兒，就算我們原來根本不想要。

我家只為了觀賞百老匯劇《漢密爾頓》（*Hamilton*）就買了Disney+的會員。雖然那不是免費試用，但月費不過六塊九九，而該劇絕對值得，要取消也易如反掌——至少我是這麼想的。但在我們看了《漢密爾頓》三遍後，「續訂是合理的」念頭開始萌芽。誰知道呢，我們說不定也想重看《星際大戰》（*Star Wars*）系列，甚至《冰雪奇緣》（*Frozen*）……何況那比在星巴克吃一塊司康加一杯特大杯那堤還便宜。

另一種仰賴稟賦效應的銷售策略，是「免費」退貨政策。一旦知道如果不喜歡那件商品就可以把錢拿回來，我們更可能冒險訂購。一旦東西送達，特別是在試用之後，重新包裝好並拿去郵局投遞突然成了吃重的任務。就算我們不是真的愛它，我們會說：「好啦，我還算喜歡，我想它派得上用場。」無風險的免費退貨代價不小。

於是我們把東西塞進壁櫥，「稟賦效應」和「損失規避」絕對是我們壁櫥亂七八糟的主因，和我們三年沒穿的衣服說再見可能跟和老友分開一樣令人難過。我們也許還記得自己為那些珍藏花了多少錢。更不妙的是，還記得那些是誰送的，我們會用盡各種藉口留下它們。外子有六條破長褲和三雙舊鞋子，都是為了園藝留著的——偏偏他沒什麼時間做那件事，一年了不起花幾個週末。我自己則堅持留著一件寬肩亞曼尼（Armani）夾克，那可是我在一九九〇年代從一場一五折清倉大拍賣搜刮來的，此外還留著兩件「BC」（生孩子前）年代買的直筒窄裙。

然後我讀到《紐約時報》冠軍暢銷書，近藤麻理惠寫的《怦然心動的人生整理魔法》。她是專業的組織人員，不是心理學家，但沒有人比她更了解損失規避。為了克服這個恐懼，她建議我們做的第一件事情是把所有東西清出來：所有掛在衣架上的衣物、抽屜裡的一切、櫃裡每一雙鞋，通通扔到地上。因為我們已經把它們通通丟出來，它們已不再歸我們所有。沒有稟賦效應，沒啥損失了。於是，我們的決定會以「該選擇什麼」重新建構，也就是把「損失框架」改變成「獲得框架」。現在我們可以基於每一種物品的優缺點加以取捨，不會害怕失去了，當我用「麻理惠法」清空壁櫥，假裝是從那座雄偉山丘購買物品，要留下什麼的決定就十分明確了，我絕不會買小一號的裙子，不會買寬肩夾克，就算那種款式可能在十年後重新流行。

免費試用和免費退貨呢？看了《漢密爾頓》三遍後，我問自己，如果要重新訂閱，我會不會開始訂 Disney+。而我假裝我在網路訂購的洋裝是需要訂購的東西，但現在我已經知道，在電腦螢幕看來像玫瑰粉的東西，其實是紫紅色。於是，會員取消了，洋裝也退貨了。

# 06

# 偏頗的詮釋

## 我們為什麼無法認清真相

一九九九年，我懷了女兒，一絲不苟地準備迎接她的到來。預產期在六月初，但才到五月，我已經準備好所有必需品：汽車座椅、兩部嬰兒車、八條包毯、十五件圍兜、十箱尿布、十件連身衣。然後我開始處理我認為沒那麼急迫的東西，包括像是《月亮，晚安》（*Goodnight Moon*）和《好餓的毛毛蟲》（*The Very Hungry Caterpillar*）之類的書（我相信學前教育），和一盞夜燈，然後我碰巧看到《自然》（*Nature*）期刊裡的一篇研究，使我重新斟酌買夜燈這件事。

那篇研究指出，睡覺時臥室裡有光的嬰兒，罹患近視的機率是在暗房中睡覺嬰兒的五倍。這篇研究在媒體獲得不小的關注，CNN做了總結：「就連非常微弱的光線也可能在睡覺時穿透眼瞼，讓眼睛在該休息的時候運作。

眼睛在嬰兒期發育迅速，若在這階段採取預防措施，有助於抗衡未來的視力問題。」當然，我這就把夜燈從我愈來愈長的新生兒準備清單裡刪掉了。

一年後，在《自然》發表的另一篇報告推翻了先前的研究。原來，夜間照明和近視的關係是爸媽的視力所致，近視的爸媽比較可能用夜間照明，而因為這個遺傳因素，近視雙親生養的孩子長大後也比較容易近視。CNN盡責地修正了先前的報導：開著無妨，研究顯示夜燈不會傷害孩童視力。這是「相關性不必然有因果關係」的絕佳例子，但我現在不是要討論這個，請再多容忍我一會兒。

二〇〇一年，在夜間照明研究被推翻一年後，我又懷了我兒子。根據當時已知的資訊，我（有重度近視的人）會在他房裡用夜燈嗎？答案是**當然不會**。感覺起來，冒著膝蓋撞到梳妝台的角或腳趾踢到垃圾桶的風險，也比冒著傷害孩子珍貴眼睛的風險來得明智，就算後者機率微乎其微。（當然，就算我撞出那麼多瘀青，我兩個孩子還是戴眼鏡。）

身為認知心理學家，我開始對這樣的抗拒感興趣。我甚至替它取了個名字：「因果烙印」（causal imprinting）。說明如下：首先，假設有個第一階段，某人觀察到A和B有關，如圖所示：有A通常就有B，沒有A通常就沒有B。據此，我們可能在第二階段推論A導致B，關鍵的是第三階段。在這裡，我們了解還有第三因素C，每當A和B同時存在時，C也存在，若C不在，A和B也不會同時存在。根據這樣的觀察，最可靠的因果推論是C導致A和B，A不會導致B。第一階段的A、B關聯性是假的，因為那時C還不為人知。然而，一旦我們深深烙下A導致B的看法，仍會把第三階段的共同原因模式解釋成A導致B，就算他們已經知道C的存在，也知道沒有證據證明在沒有C的情況下，A會導致B。

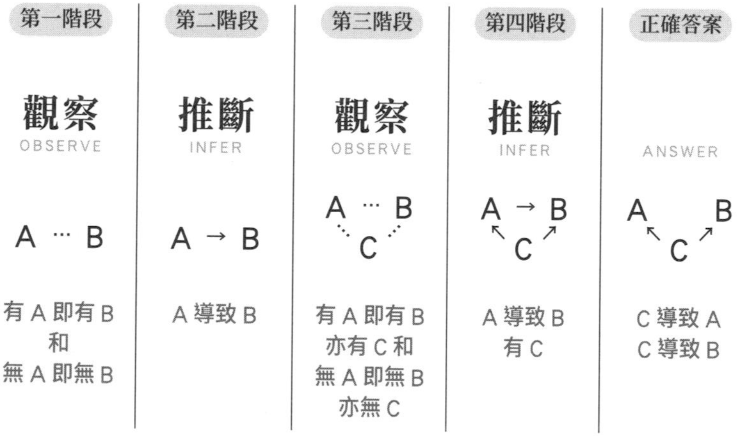

我和博士後研究員艾瑞克・泰勒（Eric Taylor）進行了一連串實驗，發現從第三階段開始（也就是同時觀察A、B、C三者）的參與者很容易了解正確的因果關係，也就是C導致A、C導致B，A不會導致B。這麼看來，人好像不是天生難以學習共同原因的架構。

但就像我對夜燈和近視的認知，如果參與者是從第一階段開始，塑造A導致B的觀念，那個觀念會深深烙印下來，不會被修改，就算看到完整模式清楚顯示A、B之間的因果關係是假的。一旦我們相信A導致B，第三階段呈現的新資料並沒有直接牴觸我們的信仰：A和B看起來仍是同時發生，所以我們仍會把那個相關性詮釋為A導致B的證據，不會修正這個謬誤的看法。

這是確認偏誤的例子，證明我們往往會堅持既已存在的信念。在第二章，我們討論的那種確認偏誤會發生，是因為在我們相信某事正確後，就不去**搜尋**可能與之牴觸的資訊。這一次，確認偏誤會發生則是因為我們把新的資料**詮釋**成和我們信以為真的看法相契合。

## 偏頗的詮釋有多猖獗

這兒還有個故事和我的孩子及偏頗的詮釋有關。我第二個孩子四歲時，有一天，我們在我開車時展開辯論，他問我為什麼交通號誌的黃燈要叫黃燈。我不明白他的問題，但他才四歲，所以我說：「因為那是黃色的，所以叫黃燈。」他回答：「那又不是黃色的，那是橙色的。」我耐住性子糾正他，一邊懷疑外子是不是沒告訴我他是色盲，因而可能把這個特徵遺傳給孩子。我兒子堅持：「媽，妳自己看。」為證明他是錯的，我在下一個黃燈停下來，盯著它看。所以我看到了：橙色的燈。好，那不是成熟的佛羅里達柳橙那種橘色，但那無可否認比較接近柳橙而非檸檬，你自己看看便知道。後來我才知道，紅綠燈的黃燈是故意弄得帶橙色，以達成最大能見度（在美國官方和英國，黃燈有個更精確的稱號，叫「琥珀燈」〔amber light〕）。好，但為什麼我從小到大都認為那是黃色的呢？我覺得好像被騙了一輩子。我爸媽叫它黃燈，所以我一直叫它黃燈。小時候畫畫，我總是盡責地拿紅、綠、檸檬黃的蠟筆畫交通號誌，最嚇人的是，在我兒子糾正我之前，我真的**認為**那是檸檬黃。

我們因為自己早已信以為真的看法，而對事實作出偏頗的解釋，是極為常見的事。我舉的例子本身沒什麼危險——只要你遵守號誌，你叫那黃燈、橘燈或琥珀燈其實無關緊要——你也會認為，要是不依據新資料修正最初看法就會有不利後果，人們就一定會修正，但也有許多無視相反證據，而堅持偏頗詮釋的例子，就算那可能對自己或他人造成顯著的傷害。

例如，我們少說也認識一個老愛把自己的問題歸咎於別人的人。開會遲到，他們怪罪交通，就算那條路的交通天天都是那樣；傷害別人的感情，他們會這樣致歉：「很抱歉讓你有那種感覺。」相信自己永遠是對的，別人永遠是錯的，或許有助於保護他們脆弱的自尊，卻也剝奪他們學習和成長，以及發展穩固、健康關係的機會。

也有一些人什麼都怪罪自己，他們非得懷疑獲得的讚美（「他一定對每個人都這麼說」）、低調不張揚自己的成就（「我運氣好」），甚至把最具建設性的負面回饋強化為詛咒（「我無能為力」）。或許他們深受冒牌者症候群（impostor syndrome）[32]之害。他們認為自己永遠不夠好，永遠不會有新的反證可以打破他們現有對自己的負面觀感。

患有憂鬱症的人特別容易做出對自己有害的偏頗詮釋，假設艾拉傳訊息給她的朋友雷斯：「星期五晚上有計畫嗎？」四分鐘後，訊息狀態從「已傳送」變成「已讀」，但雷斯沒有回覆。兩小時過去了，雷斯之所以沒回覆，當然可能有各種原因。他可能剛走進一場乏味不堪的會議，害他忘了訊息；他可能讀完訊息，手機就掉到大碗麵湯裡，或者有隻鳥剛拉屎在他頭上，害他一直用抗菌洗髮精洗頭。雖然實際狀況不明不白，但一直對自身價值感到懷疑的艾拉卻斷定，雷斯不想跟她做朋友了。

人若是一直對自己抱持毫無根據且不精確的刻板印象，也可能傷害自己。有數不清的研究可證明這點，而我鍾愛的一項檢視了「兩性同工不同酬」這個煩人且備受爭議的社會問題。女性的待遇少於男性，但有些人主張這樣的不公平如實反映了能力差異，我即將討論的研究檢視了當兩位研究工作的應試者在各方面如出一轍，唯有性別不同時，會發生什麼事。

這項實驗的參與者都是美國大型大學遠近馳名、備受推崇的科學科系的科學教授，實驗請他們評定應徵學生實驗室經理的一名人選。申請書顯示候選人在哪裡獲得學士學位、平均成績、GRE分數（類似研究所版的SAT）、先前的研究經驗、未來的計畫，以及其他一般要應徵者提供的資訊。所有參與研究的教授都拿到一樣的申請書，除了半數申請書上的名字是珍妮佛，半數是約翰。

雖然珍妮佛和約翰的履歷一模一樣，研究的參與者（全都是受過專業訓練、詮釋資料時不會有任何偏誤的科學教授）卻評定約翰遠比珍妮佛有能力、可雇用，和具備教師輔導資格。在被問到預計要給應試者多少薪水時，給約翰的平均薪資竟足足比珍妮佛高出三千五百美元（或10％）。這些科學家居然只因應試者性別不同，就對同樣的申請書做出不同的詮釋。更令人沮喪的是，不僅男教授做了這樣的評判，女教授亦然。

有無數類似研究證實偏誤是基於你想得到的各種「ism」，不只性別歧視

32.冒牌者症候群者無法將自己的成功歸因於自己的能力，他們堅信自己的成功並非源於自己的努力或能力，而是憑藉著運氣、良好的時機，或別人誤以為他們能力很強、很聰明，才導致他們的成功。

（sexism），還有種族歧視（racism）、族群民族主義（ethnicism）、階級歧視（classism）、異性戀至上（heterosexism）、殘疾歧視（ableism）和年齡歧視（ageism）等等。其中有一項研究檢視了一連串近來備受關注、駭人聽聞的問題：警察暴力與種族歧視。參與者（大多是白人男性及女性）要玩一款電玩：有人冷不防在現實生活場景（例如在購物中心前或停車場裡）冒出來，手上拿著槍（銀色短管左輪或黑色九毫米手槍）或其他物品（銀色鋁罐、黑色手機、黑色皮夾等）。研究人員煞費苦心讓這些物品在螢幕上一眼就能清楚辨識，不會模稜兩可。參與者得到的指示是「開槍射擊」持槍的人，如果那人並非持槍，就按「不射擊」鍵，他們必須在時間壓力下做這件事，模擬警方進入準犯罪現場的情境。讀者可能已經猜到，目標人物有時是白人男性，有時是黑人男性。

你可能也猜到這個令人不寒而慄的結果：參與者射擊未持槍黑人的機率，遠高於未持槍的白人。也就是如果黑人手裡拿著鋁罐，那比較可能被誤認為銀色左輪。另外，參與者也比較可能誤判持槍的白人多過持槍的黑人，也就是如果白人拿的是黑色手槍，那比較可能被誤認為黑色手機或錢包。

在一場後續實驗中，研究人員檢視了若目標人物並未持槍，參與者會多快按下「不射擊」鍵。這一次，他們記得不僅要像先前的實驗那樣招募白人參與，也要招募黑人。結果不論白人或黑人參與者，在未持槍目標是白人時按下「不射擊」的速度，都快過黑人。

## 聰明人可能更偏頗

有人比較不容易受偏誤影響嗎？那些平常被認為聰明的人怎麼樣呢？我們可能以為智商比較高的人能明辨是非，只應用相關知識來協助詮釋資料或判斷所見。反之，當我們聽到有人對某些事情的反應與我們的看法截然相反，我們就難免認為他們沒有我們聰明。例如，假設有個人堅信 COVID-19 不比一般流感致命，我們可能覺得只有笨蛋才會相信這種荒謬的理論，把全球數百萬人喪命視為「一般」死亡，相信人反正都會死。但的確有很多在人生其他方面展現智慧的人，喃喃嚷著這種明顯有誤的觀念。

事實上，比較聰明的人反而更容易做偏頗的詮釋，因為他們更知道怎麼駁斥牴觸信念的事實。一項在一九七九年發表的開創性研究，或許是最常被探討確認偏誤（特別是可能導致政治極化的那種偏誤）的文章引用的研究。但它需要參與者盡心盡力維持偏見的事實沒什麼人評論，所以且容我詳細介紹一下。

研究根據大學生對死刑的見解招募參與者，有些人支持死刑，相信那能遏止犯罪，其他人則反對死刑。進入實驗室後，參與者要讀十篇探討死刑會提高或降低犯罪率的研究報告。半數（假設）研究呈現遏阻效果，例如下面這個例子：

> 克洛納和菲利浦（一九七七年）比較了十四州實行死刑前一年及後一年的謀殺率。其中十一州的謀殺率在實行死刑後降低了，這項研究支持死刑的遏阻效果。

另一半研究則指出死刑並未威懾犯罪率：

帕默和克蘭多（一九七七年）比較了十組鄰州的謀殺率，每一組兩兩相鄰的州都實行不同的死刑法律。在十組中有八組，謀殺率在實行死刑的州比較高，這項研究不認為死刑有遏阻效果。

參與者每讀一項研究，都會被要求評估他們對死刑的態度有否改變。讀到這裡，讀者可能預期我會報告跟前面一樣的確認偏誤：不管他們讀了哪些研究報告，支持死刑的人會說他們仍對死刑抱持正面看法，反對死刑的人仍持負面意見。

妙的是情況並非如此。在讀了證實遏阻效果的研究成果後，支持者和反對者都對死刑更為肯定。同樣地，讀了相反的報告後，兩方也都更趨於否定。也就是說，人會受到新資訊影響，就算新資訊與原有觀念相牴觸。原有的態度固然會縮減改變的程度，例如，在獲得遏阻的資訊後，支持者會比反對者更肯定死刑——但這無礙人們做出若干調整。

關鍵在於研究有第二階段。參與者剛剛瀏覽的是簡短的成果摘要，現在則被要求閱讀更詳盡的敘述，包括鉅細靡遺的研究方法，例如做為研究對象的州是怎麼挑選的（畢竟美國各州有不同的法律），或是研究涵蓋的時間。參與者也會得知研究成果真正的面貌。結果這些細節造成相當大的差異，因為它們給了聰明的參與者藉口，來駁斥與其既有信念相牴觸的證據。

舉幾個參與者的說法：

研究才檢視恢復死刑前後一年，起碼要檢視之前十年，和之後愈多年愈好，才是有效的研究吧。

在州的選擇方面有太多瑕疵，整個實驗也牽涉太多變數，因此很難扭轉我的看法。

運用這種精心編造的批評，他們說服自己那些結果與本身既有信念和態度牴觸的研究，是有瑕疵的。不只如此，那些牴觸的結果反倒讓他們更堅信原有的立場。支持死刑的人在讀了不利於死刑遏阻效果的研究細節後，支持不減反增。同樣地，反對死刑的人在讀了支持遏阻效果的研究細節後，反對有增無減。

要能想出駁斥證據的藉口，需要相當多分析思考技能和背景知識，例如如何蒐集、分析資料，以及第五章探討的，大數法則為什麼重要。若研究敘述簡短、參與者無法應用如此複雜的技能，偏誤的理解不會發生。但一旦他們有足夠的資訊，便可以運用那些技巧來找立場相反研究的碴，到頭來，那些跟他們見解不一致的研究成果，反倒強化了他們的信念。

不過，這項研究並未直接探究參與者推論能力的個別差異，另一項研究則更直接檢視量化推論能力不同等級的個人，是否會出現不同的偏頗詮釋。研究人員首先測量參與者的運算能力（numeracy），也就是運用數字概念進行推論的能力。他們用來測量運算能力的問題難度不一，但全都需要相當高層次的數量化推論——有些問題只比計算小費或打七折的鞋子要多少錢之類的複雜一點，有些則難以演算得多，比如像這樣的問題：

假設我們擲一顆五面骰子五十次。平均而言，這顆骰子會出現奇數幾次？

（正解：三十次）

在一座森林裡，有20%的蘑菇是紅色的，50%褐色、30%白色。紅色蘑菇有毒的機率是20%。不是紅色的蘑菇則有5%的機率有毒。在這座森林裡，有毒的蘑菇是紅色的機率是多少？（正解：50%）

接下來，參與者會讀一些「數據」，那顯示一種新乳霜和疹子之間的關係。下表就是參與者看到的。在二九八例塗了乳霜的個案中，有二二三例（約75%）疹子好轉，其他七十五例則變得更糟。基於這樣的數據，很多人直接斷定這款新乳霜會改善皮膚狀況。

但還記得我在第二章怎麼用妖怪噴霧和放血來闡述確認偏誤嗎？正如我們必須查明未使用妖怪噴霧時的情況，我們也必須查看未使用新乳霜的案例。表中數據統計，在一二八例未使用新乳霜的個案中，有一○七例（約84%）疹子好轉。換句話說，根據這個數據，

| | 疹子好轉 | 疹子惡化 |
|---|---|---|
| **使用新乳霜的病患**（總計298人） | 223 | 75 |
| **未使用新乳霜的病患**（總計128人） | 107 | 21 |

起疹子的人，不用那款乳霜也會好轉。

正確判讀這些結果不是簡單的事，所以我們合理推測，在運算測驗得分較高的參與者，也比較可能答出正解，事實正是如此。我該補充一句：民主黨員和共和黨員做出正確判讀的能力沒有差異。在這裡提到這點似乎很奇怪，但確立這點至關重要，因為在研究的另一個情境，參與者看到的數字與乳霜和疹子的數據一模一樣，只不過現在是在帶政治色彩的脈絡中呈現。

這個數據是有關槍枝管制（特別是禁止在公共場合攜帶隱蔽式手槍）與犯罪率的關係。數據以兩種版本呈現：一種顯示槍枝管制會增加犯罪，也就是多數共和黨員抱持的觀點；另一種是槍枝管制會減少犯罪，也就是民主黨員較普遍的見解。

不論參與者是民主黨員或共和黨員，跟乳霜和放血的例子一樣，運算測驗得分低的人，依舊難以答出正解；他們全憑運氣猜測槍枝管制會增加或減少犯罪。至少他們對數據的詮釋沒有偏誤。不論數據顯示槍枝管制會增加或減少犯罪，運算分數較低的民主黨和共和黨員答錯的人數都比答對的多，這沒有黨派差異，就跟乳霜的問題一樣。

**與共和黨一致的數據**

| | 犯罪率降低 | 犯罪率增高 |
|---|---|---|
| **禁止在公共場合攜帶隱蔽式手槍的城市**（總計 298） | **223** | **75** |
| **不禁止在公共場合攜帶隱蔽式手槍的城市**（總計 128） | **107** | **21** |

註：根據這些虛構的數據，槍枝管制會增加犯罪是因為有 25% 實施槍枝管制的城市出現犯罪率上升，而 16% 未實施槍枝管制的城市出現犯罪率上升。

**與民主黨一致的數據**

| | 犯罪率降低 | 犯罪率增高 |
|---|---|---|
| **禁止在公共場合攜帶隱蔽式手槍的城市**（總計 298） | **75** | **223** |
| **不禁止在公共場合攜帶隱蔽式手槍的城市**（總計 128） | **21** | **107** |

註：根據這些虛構的數據，槍枝管制會減少犯罪是因為有 25% 實施槍枝管制的城市出現犯罪率降低，而 16% 未實施槍枝管制的城市出現犯罪率降低。

然而在運算能力較高的人士之中，卻有**偏誤**發生。運算能力較高的共和黨員更可能在正解是「槍枝管制增加犯罪時」回答正確，運算能力較高的民主黨員更可能在正解是「槍枝管制降低犯罪時」回答正確。也就是說，數量化推論能力較強的人只會在數據支持他們既有觀念時加以運用自己的能力。

這不是說欠缺高層次的數量化或分析推論能力者，不會做出偏頗的詮釋，他們當然會。例如，不可能只有「聰明人」會急忙依種族做出誰持槍誰拿手機的判斷。這裡的重點是，所謂聰明的技能並無法使人脫離不理性的偏誤，有時反而會使偏誤變本加厲。

## 我們為什麼會以偏頗的角度詮釋事實？

把事實和數據詮釋成符合本身偏頗的信念，這種行為很容易對個人和社會構成威脅。在討論我們能否做些什麼來抗衡這種傾向之前，值得先想想我們為什麼會這樣，又為什麼那麼不易辨識或抗衡這種傾向。

無可否認地，「動機因素」扮演要角。這個動機可能是保住顏面、證明自己正確（就算我們不是）的需要，有時我們渴望保護抱持這些觀點（也是我們所屬）的家族、氏族或政黨的信條。在某些例子中，用動機推論（motivated reasoning）來解釋偏頗詮釋是有道理的。不過也有很多情況，我們的詮釋仍會在沒有動機因素的情況下偏頗了。回頭想想紅綠燈的例子，相信中間那盞燈是黃色的，這對我而言並沒有既得利益。我對很多議題都有強烈的見解，但交通號誌的顏色不在其中。儘管如此，我仍從小就誤以為那盞燈是黃色，只因為我相信那是黃色。或者想想給珍妮佛的薪水低於約翰的女性科學教授；很難想像她們是真心想阻止女性進入科學領域，我們也不相信那些更快決定不朝無武裝白人目標開槍，看到無武裝黑人反而遲疑半晌的黑人參與者，想活在種族歧視更嚴重的社會。就連在我們沒有動機去相信什麼的時候，我們既有的觀點仍會渲染我們的親眼所見或親身經歷，因為那就是我們認知運作的方式。認出這些偏誤是我們認知機制的一部分，就能幫助我們理解它們有多根深柢固。

詮釋偏誤背後的認知機制跟我們在人生每一個時刻使用的機制沒什麼差

別。人類擁有豐富大量的知識，在處理外來刺激時不斷不自覺地加以運用，在認知科學中，這叫由上而下的處理（top-down processing）。

例如可以想想我們怎麼處理聲頻輸入，像是有人說了什麼話。在美國長大的人一定反覆聽過《效忠宣誓》（Pledge of Allegiance）：「我謹宣誓效忠我的國旗及所代表之共和國，未可分裂之一國，自由平等全民皆享。」（I pledge allegiance to the Flag of the United States of America, and to the Republic for which it stands, one nation under God, indivisible, with liberty and justice for all.）聽到孩子背成「under God, invisible」或「to the Republic for witches stand」並不奇怪，因為那聽起來確實很像。純粹考慮那些詞語的語音特性，這樣的錯誤可以理解，唯有當我們思考誓詞的真正含義時，我們才會明白那不可能是「witches」或「invisible」。

想想語音訊息轉文字的特徵，我的 iPhone 聽寫電話號碼的功能令我印象深刻，它最近轉錄訊息的正確率也高得驚人。雖然人工智慧進步神速，我上星期卻收到這麼一則語音轉錄：「Hi this message is for ____ on my name is Mary I'm calling from yell at your nose and throat please give our office a call back at【number redacted】 and it's option number three again I'm calling from Yale your nose and throat.」我可以忽略我的名字它連試都不想試的事實（除非人工智慧系統裡內建系統性文化偏見），但什麼是「yell at your nose」和「Yale your nose」啦？我播放了瑪莉的語音訊息，她清晰到不能再清晰地唸著「Yale Ear Nose and Throat」這個詞。但這個詞意義不明是事實，而多虧我們由上而下的知識，和不自覺援用的豐富參照資料，我們可以盡可能消弭含糊詞語的歧義。我那由上到下的處理既強勁又自動，不論播放語音幾遍，我都不會聽成「yell at your nose」。

但同樣的事物，人是否可能因為當下所信（就算那樣相信並無既得利益），而以截然相反的眼光看待呢？我的前研究生潔西卡・馬許（Jessecae Marsh）和我一起在一項實驗裡探究這個問題。一開始，每一名參與者都要觀看一張幻燈片，螢幕左側的圖片是某種在某土壤樣本裡發現的細菌（呈條狀），右邊則是樣本的圖片（如下圖），土壤樣本清楚標示裡面是否含氮。參與者會看到好幾張這樣的幻燈片，必須判斷那種細菌會不會使土壤含氮。

接下來每一名參與者都看了六十張幻燈片，右邊顯示不同的土壤樣本。

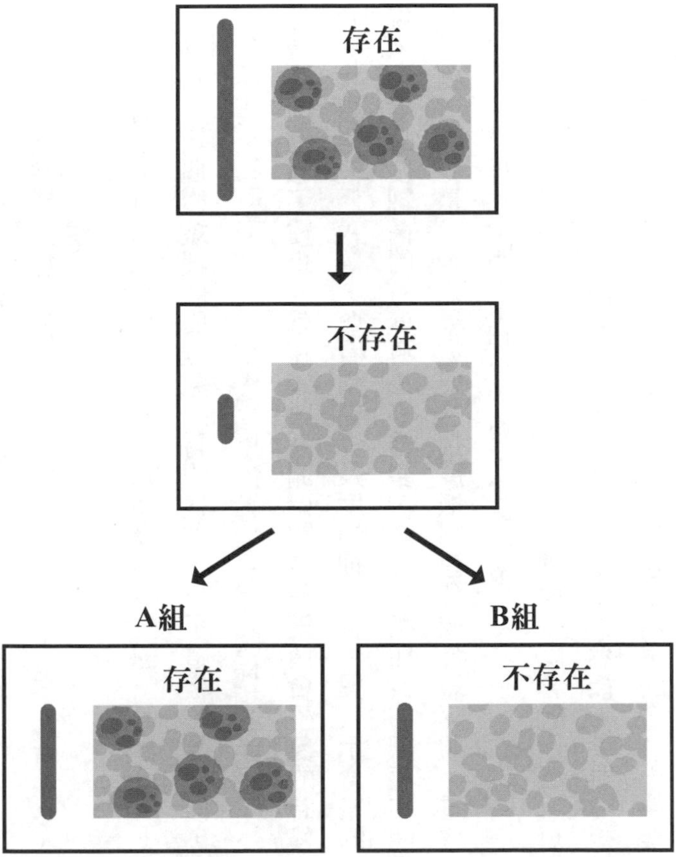
存在
不存在
A組
B組
存在
不存在

一開始，他們會看到兩種細菌，如下圖前兩張：在某些幻燈片中，細菌會從螢幕頂部延伸到底部，在其他幻燈片則以一小條出現，上下各有許多空間。

如附圖前兩張所示，參與者會先看到好幾個極長細菌與含氮的土壤樣本配對，以及好幾個極短細菌與無氮配對的樣本。看了這樣的配對後，參與者很可能會產生這樣的看法：長細菌會使土壤裡含氮，關係相當明確。

然後我們增添了變化。就在參與者開始認定長細菌會生氮的時候，半數參與者（我們叫他們A組）會看到中等長度的細菌圖片與表示含氮的圖片成對出現。中等長度細菌的長度會小心繪製，剛好在明顯長的細菌和明顯短的細菌的中間。也就是說，如果你要依長度把細菌分成長短兩類，這些中等長度的細菌還真的曖昧不明，不長也不短，就是中等。

實驗尾聲，A組共看了六十張，混合了長細菌搭配含氮土壤、短細菌搭配無氮土壤，和中等長細菌搭配含氮土壤的幻燈片。然後，參與者接獲一個出乎意料的問題：有幾張幻燈片是長細菌搭配含氮土壤的？六十件樣本裡，只有二十件呈現明顯長的細菌，從幻燈片頂端延伸到底部的細菌，而這二十件全都搭配含氮的土壤。但平均而言，參與者回答他們見到二十八張。因為他們已經建立長細菌會導致氮生成的假設，每當他們看到土壤裡有氮的幻燈片，便會把細菌解釋成長的，就算他們有時見到的是不長不短的中等細菌。

同一項實驗的另一半參與者，B組，看到順序類似的幻燈片，從長細菌（土壤含氮）開始，接著是短細菌（無氮），但這一次他們最後看到的是中等長度的細菌搭配**無**氮土壤的幻燈片。在被要求估計他們看了幾張短細菌搭配無氮的幻燈片時，他們平均估了二十九張，正確答案是二十。

換句話說，兩組參與者在實驗第二部分看了一模一樣中等長度的細菌，但A組把他們視同為「長」的，B組視同為「短」的，因為兩組人都相信長細菌會促使氮生成。基於這最初的看法，他們把搭配含氮土壤、半長不短的細菌視為長的，搭配無氮土壤、半長不短的細菌視為短的，我完全相信沒有參與者在乎這樣的看法，又不是看到比較多長細菌或短細菌就能贏錢。另外，他們也不必清點中等長度的細菌；他們大可因為那些長短不明而加以忽視。但他們卻自動把那些分類為「長」或「短」，因為那符合他們由上而下的觀點。

他們不僅用這種方式分類細菌，也開始這樣看待細菌。在實驗結束前，我們拿三種細菌的照片給參與者看，問他們中等長度的細菌比較類似長的還是短的細菌。A組說那看起來比較像長的，B組則說像短的。

「由上而下的處理」是不由自主、自行發生的，不論我們有沒有使用的動機，我們需要它來理解這個世界，因為它透過我們的感官，將迎面而來的資訊置入一個有連貫性的架構之中，讓我們得以預測和掌控我們的環境。沒有由上而下的處理，我們會茫然失措，人生將混亂不堪。

不妨細想一個非常基本的視覺，就像我在打這個句子時被動看到的，我的狗正離開牠的床。在我視覺範圍裡所有事物的物理特性（形狀、顏色、輪廓、線條等等）一直在變。但我看到的是一個物體（我的狗）離開另一個物體（床）、踏上地板，而非狗、床、地板改變了形狀和顏色。現在想像察覺者不是我，而是一部機器人，它能完美無瑕地使用超級高科技攝影機來處理物理訊號。但也想像這部機器人不具有狗或床的概念，或基本的感覺法則。它也不了解諸如動物性（animacy）等較抽象的觀念：它認為所有無生命物體都可以變成有生命，認為電腦繪圖存在於自然世界。基於前述種種，機器人理解那個場景的方式一定跟我不一樣。倘若沒有由上而下的處理，我們就會像那部機器人一樣，無法從床鋪裡認出我們的狗，還會不時以為電器和家具會突然動起來。

## 我們該怎麼辦？

這裡的問題在於，由上而下的處理，也要為偏頗的詮釋負責，而偏頗的詮釋會進而導致確認偏誤和偏見。這類偏誤造成的後果往往令人震驚，但這種處理過程本身，卻仰賴我們時時刻刻用來理解世界的能力。換句話說，我們不能輕易中止這個害我們陷入麻煩的過程；我們需要它。若我們要設想可以做些什麼來消除偏頗詮釋的危險，理解偏頗詮釋的無可避免，是不錯的第一步。

倘若我們相信自己絕對不會犯下思考偏誤，相信那只會折磨跟我們不一樣的駑鈍的人，思考偏誤就會變得難以克服得多。一旦我們了解偏頗的詮釋是由上而下處理程序的一部分，就能承認我們都會、也都很容易在詮釋時犯下偏誤，就算我們是在試著接納並非由某一信條規定的思想，就算我們沒有被某個邪教團體洗腦，也可能犯下偏誤。請記住這點，下一次，當有一個四歲蒙童告訴你黃燈是橙色時，你或許會比較能敞開心胸，重新看它一眼。

不幸的是，解決人生問題不是永遠都像仔細看紅綠燈那麼簡單：若我們對自己抱持不正確的看法，例如相信我們必敗無疑、未來無望，而事實並非如此，要修正就沒那麼容易了。讓我們繼續探討這個例子，人難免會懷疑自己，而有些人特別難甩掉懷疑，使懷疑成了自我概念的一部分。一旦如此，不管發生什麼事，他們都會按照那個有瑕疵的信念加以詮釋，火上加油。這麼一來，他們簡直不可能靠自己掙脫那些懷疑。

在臨床心理學中，有一種名為「認知行為療法」的技巧，就是專門設計來幫根深柢固的負面思考模式去除偏誤的。對某些人來說，「我們需要學習更好的思考方式。」（甚至必須付費，如果我們的保險不支付的話）這話聽來奇怪，但我們真的需要。你不妨這麼理解：我們去吃百匯吃到飽時，不會隨便抓什麼就往嘴裡塞，像小精靈那樣吞食面前的一切；我們會刻意選擇要吃哪些菜，忽視哪些菜。同樣地，時時刻刻都有一大堆想法通過我們的腦袋，而我們必須選擇注意哪些、放掉哪些。如果某人已經養成沉溺負面思想的壞習慣，他會需要幫助來戒除那個習慣，就像我們需要瑜伽老師或個人健身教練指導我們運動技巧，並幫我們加油打氣，讓我們持之以恆地運用。認知行為療法已證實成效卓著，但就像在健身教練或瑜伽老師協助下健康塑身，這並非一試就靈、一蹴可幾；這需要好幾個禮拜又好幾個禮拜的療程，而我們必須在日常生活中反覆練習那些技巧——再次證明要抗衡偏頗詮釋是多麼艱鉅的任務。

讓我們換檔繼續。當別人的偏頗詮釋給我們帶來不便或煩擾時，我們該怎麼辦？同樣地，理解那樣的偏誤是認知的一部分，或許有助於我們更能容忍不同看法的人。那些人未必存心傷害我們；他們可能只是以他們自己的眼光看待現況，我們不必事事築起防衛。有時，著眼於解決觀點不同引發的問題，比改變那些觀點本身來得容易且適切。

例如，假設格林先生執著於保養草坪，而他的鄰居布朗先生相信整理草坪不但要靠危險的化學物質還浪費水，因此會危害環境。在格林先生眼中，布朗先生的花園無異是醜得要命、有毒、可憎、侵略性的野草，但布朗先生眼中只有一簇簇漂亮、強韌的原生野花。《大亨小傳》（*The Great Gatsby*）

也有類似衝突，主人翁蓋茲比派他自己的園丁照料鄰居的草地。但就算格林先生有辦法這樣做，這種做法也有違布朗先生的理念，根本行不通。與其一直爭論整理草坪環不環保，格林先生不如種些樹籬，擋住布朗先生的花園，將心力投注於修剪樹籬。

不過，正如我們在這一章前面所見，偏頗詮釋造成的傷害遠遠超過惹鄰居不順眼，針對特定族群的偏見可能輕易變成攸關生死之事。當他人的觀點在道德上與我們牴觸，我們該怎麼做呢？大家都知道要改變他人的世界觀有多難。很多人都學會不要在感恩節晚餐提政治——如果我們還想見到某些家人的話。

這就是為什麼我們有時需要制度面的政策與規範。例如，若是某人認定疫苗對身體有害，要說服他接種 COVID 疫苗就難上加難。我朋友的朋友的朋友是生物學博士，對於 mRNA COVID 疫苗會如何永遠損害我們的基因，抱持一個精細複雜卻又完全謬誤的理論。儘管如此，她的女兒還是完成接種，因為她的大學要求她這麼做才能重返校園。這就是制度面的變革可如何保護民眾健康的例子，就算民眾的觀念千奇百怪。一九七二年的《平等就業機會法》

也是制度面的措施，那處理了基於種族、宗教、膚色、性別、血統的歧視。不用說，我們該繼續教育民眾對抗自己的偏見；我們需要盡可能去除民眾的偏誤。但對於健康、固有價值和安全，人人自有一套觀念，以這些觀念為基礎的偏頗詮釋往往根深柢固，一旦形成便難以改變。何況，許多偏見都有系統性的根源，是我們的歷史、文化、經濟、政治所致。當然，系統面的變革也有它自己的挑戰。首先是這個遞迴問題：制定這些決策的，也是易受偏頗詮釋影響的人類哪。

然而，有時候，要抗衡一種系統，就只能靠另一種系統了——明確、公平、刻意設計來保障更大利益的系統。

# 07

## 設身處地的難題

### 我們覺得顯而易見的事，為什麼別人老是無法理解

我和外子曾參加一場還有其他兩對夫妻參加的晚宴。東道主在我們的圈子裡以擅長創造和主持極具巧思的派對遊戲著稱。那天晚上，他們帶領我們玩起品酒遊戲。每一對夫妻面前都擺了四只玻璃杯，標示A、B、C、D，盛滿不同款的紅酒。每對夫妻之中的一人先品嘗，在四張索引卡上寫下對口感的描述。描述，就只是描述，不能在卡片上暗示那是A、B、C、D哪一杯。然後換他們的另一半品嘗，試著與伴侶的描述配對。

其中有一對夫妻是愛喝葡萄酒的鑑賞家。他們擁有一座大酒窖，也參觀過世界各地的釀酒廠。丈夫先嚐了嚐，用葡萄酒專家熟悉的行話形容：中度飽滿，橡木桶香、酸澀、奶油香、草本香。當他的妻子大聲唸出他的描述時，真的令人敬畏。但之後，她也只能正確配對出一杯，這遊戲真難。

第二對夫妻都是英文系教授，丈夫為每一杯酒寫了一首小詩。他把其中一杯比作兩人某回慶祝結婚週年時，從所住小屋俯瞰的山谷，另一杯則比作克服某次磨難時同享的歡愉。他居然可以當場寫下這麼動人的詩篇，令人瞠目結舌，而他的妻子以優美的聲音抑揚頓挫大聲朗讀。全場又「噢」又「啊」的讚嘆不絕於耳，但他們一杯也沒猜中。

我和外子當時已結婚十五年，我們都是心理學教授。人們常問我們會不會讀心術，我們的回答是「不會」——如果我們這行真的教給我們什麼，那就是多數人常過度自信，以為對自己的想法瞭如指掌，更別說他人的。但外子非常了解我，而對於我，他非常確定的一件事情是：我對紅酒一無所悉。我的味蕾運作正常，但我喝到便宜的盒裝白蘭地和昂貴的上等葡萄酒一樣開心。更糟的是，其實我根本不愛喝紅酒。

外子不到一分鐘就填完他的卡片。我一邊讀，一邊笑，全部正確命中。他寫的是：「最甜」、「第二甜」、「第三甜」、「最不甜」。

## 我們有多不善於溝通？

我們一直在和別人溝通。我們說出或寫出我們新的看法或感覺，也聆聽、讀取他們向我們傳達的事。雖然一輩子都在做這件事，我們卻不明白那有多難。晚宴其他兩對夫妻在猜酒遊戲後顯得痛苦不堪，因為他們難以相信，自己的另一半竟無法了解他們完美的敘述。品酒專家埋怨他們表現不好全是因為醒酒時間不夠。令人遺憾地，溝通不良比我們想像中更普遍，就連跟我們認識的人也不例外。我將先呈現兩項研究，兩項都強有力地證明，我們有多不善於溝通。

我們可以從書面溝通著手，像是電子郵件和簡訊。我們會用簡訊向親朋好友更新現況、問問題，或開開玩笑。這時，我們很多人會說反話或挖苦，像「錯過那次聚會，好難過啊」或「我老闆又辦到了」。在打這些反話時，我們想當然地認為對方知道我們意在嘲諷。當我們收到簡訊時，我們也想當然地以為我們看得出這是嘲諷，但事實真是如此嗎？

一項研究用參與者本身朋友寫的句子，對參與者進行諷刺辨識能力測驗。

他們兩兩一組。其中一人email給搭檔一連串單句訊息，有的嘲諷，有的認真。寄件人很有信心，他們的搭檔一定知道他們是不是在講反話；畢竟他們是朋友，知道對方有沒有故作正經的幽默感，訊息的收件人也對自己的判斷深具信心。但一統計得分，他們的正確率就成了機率問題——50%，與擲銅板無異。想到我們用推特、簡訊或email傳的反話，可能有一半被視為當真，而我們認真的敘述，竟有半數被誤認為嘲諷，是很可怕的事。

這個事實或許能讓你好過點：你不必為你這輩子講過所有的反話惴惴不安，因為上述結果只發生在用文字傳達的訊息。當類似諷刺或正經的句子是用聲音傳播時，人們會理解那真正的話意。那是因為，至少就英文而言，說話的人會採用相當容易辨識的諷刺語調，音節略微拖長、音調也會提高，多數人辨識得出那種語氣的弦外之音。

話說回來，你可能還是得緊張一下。另一項研究發現，就算我們試著用聲音和語氣表達我們的意圖，很多時候仍會失敗。這項研究用了幾個頻繁出現於日常對話的曖昧句子，例如：「你喜歡我的新衣服嗎？」當你的伴侶或朋友問這個問題，那可能表示她擔心自己的衣服不討喜，或是覺得衣服很完美而想釣個讚美，或不爽你壓根兒沒注意她穿什麼。事實上，仔細想想，我們使用的很多言辭都曖昧不明，例如：「請離開。」這可能表示「我很忙。」也可能代表「你惹惱我了。」一個簡單如「沙拉怎麼樣？」的問題可能意味「沙拉很糟糕對吧？」或「我辛苦做了這盤沙拉，你怎麼都不讚美一下？」也或許你是真的在問沙拉好不好吃。而不同於諷刺，對於什麼樣的抑揚頓挫代表何種意義，眾人沒有共識。

這項研究也是讓參與者兩兩一組，其中一人見到好幾個像上面那樣的句子，被要求大聲唸出來，傳達特定意義給另一人聽。聽者必須從四種可能的詮釋中猜出說話者的話意。聽者可能是說話的人剛剛才在研究室第一次碰面的陌生人，也可能是朋友或配偶等關係密切的熟人。若是配偶，平均結婚十四．四年。

一如前面以諷刺為主題的研究，說話的人有信心聽者會了解他們要傳達的意思。當然，如果聽者是朋友或配偶，他們又更有把握。結果，熟人和陌生人在判斷訊息的話意上完全沒有差別。平均而言，聽者猜中話意的句子不到一半。也就是說，就算已結髮十四年，你的配偶仍可能有高達一半機率誤解你的語氣，進而弄錯你曖昧句子的意義。

## 知識的詛咒

顯然，沒有人想誤解朋友或家人，也沒有人想被誤解。那麼，為什麼會發生這種事呢？每當我們有所感受，都會按照我們已經知道的事情加以詮釋（如第六章所討論）。因為我們是不自覺、下意識地做這件事，我們或許相信其他人，甚至包括不知道我們知道什麼的人，會以和我們類似的方式看待各種情況。

研究顯示幼童就有這種自我中心的偏誤了，有個經典謎題是這樣的：

莎莉有顆彈珠。她把彈珠放在籃子裡，去散步。
安妮把彈珠拿出籃子，放到籃子旁邊的箱子裡。
現在莎莉回來了，想要玩彈珠。
請問莎莉會在哪裡找彈珠？

正確答案當然是籃子，不是箱子。但大部分四歲以下的小孩會說她會在箱子裡找彈珠，因為他們知道彈珠在那裡。他們沒辦法推論到其他人可能有錯誤的信念，與他們所知事實不同的信念。如果讀者聽過「心智理論」，就是在說這個：推論他人的心理狀態。

因為這些和孩子一起出現的錯誤如此明顯，你也許以為成年人不會犯，但後來一項研究發現，就連大學生也有類似的障礙。參與者得知有個女孩名叫薇琪。她在一個房間裡練習小提琴，而房裡有四個顏色各不相同的容器。薇琪練完琴，把小提琴放在藍色容器，便離開房間。趁薇琪不在房間時，丹尼絲進來把小提琴移到不同的容器。讀到這裡，半數參與者被告知丹尼絲是把小提琴移到紅色的容器（我們稱這些參與者「知情組」）；另外一半的參與者則未被告知丹尼絲選擇哪個容器（「不知情組」）。接下來，知情組和不知情組都被告知，丹尼絲重新排列了容器，所以現在紅色容器在原本藍色容器所在的地方。最後，參與者被要求估計薇琪回房後，在每一個容器尋找小提琴的可能性。正確答案當然是「她會在藍色容器裡找」。然而，「知情組」

的參與者（知道小提琴其實是在紅色容器裡的那些人）無法完全忽略那項資訊；他們評估薇琪會在紅色容器找小提琴的可能性，高於不知情組。這就是知識的詛咒：一旦你知道什麼事，便很難完全採取不知道那件事的人的觀點，就算你是成人也一樣。

玩過「猜猜畫畫」（Pictionary）桌遊的人，八成體驗過受知識詛咒所害的感覺。遊戲裡，一個人抽取一張卡片，卡片上寫著一個詞語，而他要快速畫出代表那個詞語的圖畫，其他隊友得依圖畫猜出卡片上寫什麼。讓我們假設這幅畫裡有一張臉，搭配長頭髮。這個人明顯是女性，因為畫者給了她乳房。在她旁邊有四個比較小的人，也有長頭髮和乳房，這幅畫到底在畫什麼？時間到，沒有人猜中，畫者表現出知識的詛咒，向隊友咆哮：「你們怎麼會猜不到啦，這麼明顯欸？這是《小婦人》啊，四個女兒跟她們的媽媽啊。」

下一輪，一個自稱比較擅長畫畫的人抽出卡片，畫了一張獅子臉。一名隊友大叫「獅子」，但那不是正確答案。其他隊友叫畫者加一點東西。但畫者繼續指著獅子的臉，她畫得非常細膩的那張臉，彷彿在說他們除此之外不需要其他東西。另一個人猜：「鬃毛！」不對。畫者又比了一次，還拿筆用力戳她的畫，把紙都戳破了，這顯示知識的詛咒可以多令人沮喪，卻仍然沒有人猜對。（順便告訴你，答案是《納尼亞傳奇》。）

當然，「猜猜畫畫」畢竟是遊戲，必定具有挑戰性，何況不是人人都擅長畫畫。這兒有項研究則幾乎不需要使用任何技巧，事實上，讀者可以自己在家或任何地方試試，只要找得到有兩分鐘可以打發的人就行。參與者被要求選擇一首任何隨機配對的夥伴都曉得的世界名曲，讓我們假設一名參與者叫瑪莉，她選了〈瑪莉有隻小綿羊〉（Mary Had a Little Lamb）。她敲打了這首歌，沒有唱。夥伴必須猜那是什麼歌。

讀者可以敲自己選的歌。感覺起來幾乎人人都該猜得到，對吧？在實際的研究中，敲者估計有50％左右的聽者能猜對他們敲的歌。但真的有50％猜中嗎？呃，這感覺起來容易，只是因為敲的人知道自己在敲什麼歌。研究中總共敲了一百二十首歌，只有三首被猜對。敲的人會經歷誰都猜得中的幻覺，純粹是因為答案一直在他們腦海中播放。

如果你的夥伴還有兩分鐘閒暇，請他們選一首歌敲給你聽，這樣你就能體驗猜的人是什麼感覺。我在課堂上做這個練習時，一首最多人猜的歌曲是皇后樂團（Queen）的〈We Will Rock You〉，因為那確實是從沒有旋律的敲打（或跺腳）開始。就連〈生日快樂歌〉聽起來都像硬搖滾。

知識的詛咒會讓我們過分相信我們傳達的訊息非常透明。例如，敲者可能稍微敲錯節奏，就會使聽者深陷五里霧中。但敲者或許覺得那沒什麼大不了，因為他們七秒鐘前才敲過一模一樣的樂句。敲者以為聽者聽得到他們腦海播放的音樂，就像「猜猜畫畫」裡的畫者，她在心像見到《納尼亞傳奇》書衣上的亞斯藍[33]（Aslan），就想不出還能增添什麼讓她的草圖更明確。

這一章開頭的品酒遊戲也闡明了知識的詛咒，我和外子的優勢正是我們缺乏自信。外子非常清楚我對酒有多單純（好啦，是無知），因而別無選擇，只能用品酒界的「白痴詞彙」，結果反倒成了最佳策略。

事實上，知識豐富的聰明人之所以不見得是好老師或好教練，部分正是因為知識的詛咒。我聽過大學學生抱怨某諾貝爾獎得主教授的一門課——精

33.《納尼亞傳奇》中創造納尼亞的獅王。

采絕倫，但完全聽不懂。我一個前學生曾跟一位拿過數座葛萊美獎的音樂大師學小提琴。我問她他是不是好老師，她圓滑得體地回答：「對他來說，拉小提琴是自然不過的事。」

## 忘記考慮其他觀點

我們之所以溝通不良，往往只是因為我們忘了考慮對方的觀點。我即將討論的是真正荒謬的例子，也就是我們其實已經知道對方知道什麼、想什麼、看到什麼、喜歡什麼，不是前面描述的那種你不可能知道別人在想什麼的情況。另外，在我即將討論的例子裡，我們的行動取決於對方怎麼想，因此我們必須將那列入考量。但就連在這樣的例子裡，我們也會忘了考慮對方的觀點。

這種現象的一個例子是「狀態訊號矛盾」（status-signal paradox）。一項研究請參與者思考下列情境：

想像你剛搬到丹佛，要去城裡一間酒吧參加社交活動，你真的好想結交幾個新的好朋友。你有兩只錶，準備出門時，你得決定要戴哪一只。一只是昂貴的設計師手錶，一只是便宜的普通錶，兩只跟你的衣服都搭。假如你戴設計師款，人們會多想跟你交朋友？普通款呢？

如果你選設計師手錶，那你跟研究裡大多數參與者一樣。同樣的結果也出現在選擇薩克斯第五大道（Saks Fifth Avenue）或沃爾瑪（Walmart）T恤、BMW或VW Golf、Canada Goose或Columbia外套的問題[34]。一如孔雀炫耀五彩繽紛的羽毛，人類也想透過展示奢侈品，比如印著Prada的提包、有皇冠標誌的勞力士（Rolex）、有鷹翼門的鮮紅法拉利（Ferrari），來向他人傳達自己高人一等的地位。

矛盾的是另一組參與者的結果，他們是從同樣的群體招募來（所以品味和價值觀或許和第一組差不多），但被隨機挑選回答不同的問題，也就是他

34. 此段前後均為昂貴品牌與平價品牌相對。

們比較容易受到哪個人吸引。他們的答案恰恰相反，他們比較想跟戴普通手錶而非勞力士、穿沃爾瑪T恤而非薩克斯第五大道、開VW Golf而非BMW的人交朋友。

在選擇要穿戴什麼來增添對準朋友的吸引力時，我們很可能受困於自我中心的觀點，想傳達高人一等的地位而做出錯誤的選擇。要是有個新的準朋友戴著Tag Heuer手錶，或穿印著GUCCI金字[35]的黑T來到酒吧，我們會做何感想？唯有暫停一下，衡量相反的觀點，我們才知道該選哪只錶。就算我們是想讓某人留下深刻印象（也許**尤其是**我們想讓某人印象深刻的時候），我們也不能忘記考量他們的觀點。

接下來的研究也顯示在應當考量他人觀點的時候，我們有多容易忘記這麼做。那也顯示我們成長的文化可能與此密不可分。這群受試者是來自芝加哥大學的大學生，被告知要玩個溝通的遊戲。每個人都坐在一位「指揮者」（實驗人員）對面，兩人之間直挺挺擱著一只約五十公分見方、十五公分深的木框。框裡分為四排、每排再均分為四格，如圖所示。這十六個格子裡，有些放了小物體，例如蘋果、馬克杯或積木。參與者的任務是聽從指揮者指示移動這些物體。例如，指揮者可能說：「把瓶子向你左邊移一格。」參與者就要找到瓶子，拿出來，往左邊移一格。參與者和指揮者都看得到這些動作，而參與者只要照指揮者說的去做就可以了。

熱身幾次後，指揮者說：「把積木往上移一格。」木框裡只有一只瓶子和一顆蘋果，所以沒得選擇，但這一次，如左圖所示，有兩個積木。關鍵在於，其中一塊積木（上面數下來第三排那塊）是從指揮者這邊看不到的（如右圖所示）。參與者可清楚見到那個格子後面被封住了；他

35. 兩者均為奢侈品牌。

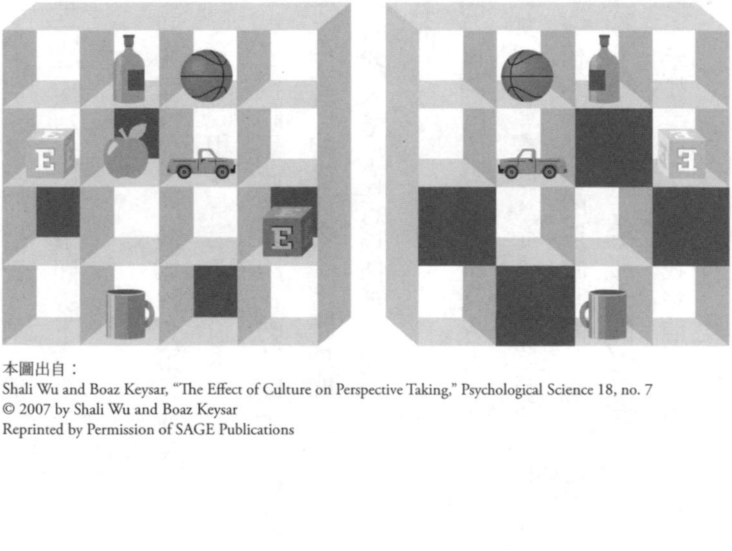

本圖出自：
Shali Wu and Boaz Keysar, "The Effect of Culture on Perspective Taking," Psychological Science 18, no. 7

們也在熱身時扮演過指揮者，所以他們很清楚木框另一邊是何情景。基於這些事實，參與者應該可以立刻判斷指揮者指的是哪一塊積木——上面數下來第二排那塊，因為指揮者只看得到那一塊。

實驗者會計時參與者每一輪要花多久時間完成任務，然後比較有第二塊積木（即放在背面封住的格子裡的那個）的反應時間和沒有第二塊積木的那一輪的反應時間。雖然答案應該很明顯，參與者移動正確積木所花的時間，比沒有第二塊積木時多出130％。另外，有近三分之二的參與者不害臊地問：「哪一塊積木啊？」——有時不止問一遍。還有些人毫不在意指揮者的視角，移動了放在封住格子裡的那塊，指揮者看不到的積木。

有趣的是，這樣的困惑只發生在以英語為母語的人身上，研究人員也測試了在中國出生長大、赴美不到十個月的芝加哥大學學生。這些中國參與者用中文進行同樣的任務時，不論有沒有第二塊積木，他們的反應時間並無二致。換句話說，他們完全忽略了指揮者那邊看不到的物品，彷彿他們的視野跟指揮者一模一樣。只有一個中國參與者問：「哪一塊？」而我想他話一出口就覺得糗吧。

如果你明白集體主義社會和個人主義社會之別，就會覺得這種文化差異合情合理。有些文化，包括南韓、日本、印度、中國，都是出了名的重視群體，這些文化中的人民已培養出強烈的歸屬感，且不時被提醒他們對團體的義務與責任，他們會密切注意社會規範。

點餐就是個簡單的例子。在美國，大家向來各點各的，且傾向避免別人點過的；如果第一個跟服務生點餐的人問下一個人想點什麼，下一個人會說：「噢，如果你點了那個，那我就點這個。」如果真的想點一樣的，他們可能覺得必須為自己的了無創意致歉。但在韓國和中國，原始設定是點一桌菜大家分。如果是在吃「輕食」，例如午餐時各點各的，一旦長輩或長官點好餐，其他每個人大概都會乖乖點一樣的東西。

集體主義文化講究忠誠和服從群體，甚至到犧牲隱私和個人權利的地步。疫情期間，幾乎所有南韓人都遵守政府戴口罩和關閉店家的命令。某宗教團體領袖因為舉行室內集會導致一波疫情爆發，不得不上全國電視跪倒在地乞求原諒。商店、餐廳、夜店、卡拉ＯＫ等高風險場所強制實行以 QR Code 為基礎的登入系統。萬一偵測到 COVID 陽性群聚，去過那些地點的訪客都會收到篩檢通知，這種程度的社會服從是像美國這樣的個人主義社會難以想像的。

要適應這種集體主義社會，成員必須時時設想別人在想什麼，以及別人對他們自己的看法。服從這些規範所需的社會化，從年紀很小的時候就開始了，或許正是這般經常訓練解讀他人心思的結果，出自集體主義社會的人民非常擅長設身處地替人著想，幾乎成了反射動作。

## 什麼有效

我們可以怎麼更了解別人在想什麼、想做什麼、相信什麼、有什麼感覺呢？在集體主義長大的人比較擅長這點的事實，意味這些技能是可以教導、可以學習的。但我們不可能只為提升孩子理解別人想法和感覺的能力，就搬去那些社會或送孩子去住好幾年。而且，如同一些讀者所懷疑，對別人可能的想法過分敏感，也有它的壞處。對個人主義社會的成員來說，集體主義社會那種不言而喻、連點餐都得跟長者一樣的壓力，就算不離奇也很古怪。行蹤一直讓他人掌握，可能聽來像喬治．歐威爾（George Orwell）的《一九八四》

——就算在公衛緊急情況也不例外。我們也見過報告指出，過分顧慮他人的意見，可能導致嚴重的心理健康問題；最起碼可能使你容易在現實世界或網路遭到霸凌。顯然，我們不該讓自己太執著於明白別人的想法。不過，我們的確需要確定自己對他人的想法有基本、初步的理解，那是進行正常社會互動所不可或缺。

讓我們從一些幼童的解決方案開始。還記得兩、三歲小孩難以理解其他人可能有錯誤看法（與他們知道的事實不同）這件事嗎？一項研究發現，這個年齡層的孩子，可以在不到兩星期內被教會「理解錯誤」的看法。有趣的是，這項研究原本設定的脈絡，是要幫助他們學會如何撒謊。重點來了：撒謊需要這個基本理解——即使**我們**知道事實，其他人卻可能不知道。因為兩、三歲大的孩子不了解這點，他們不可能撒謊。

在這項研究中，三歲孩子要先學習一種遊戲：有兩個杯子，而實驗者把一顆糖果藏在其中一個杯子底下。如果孩子猜中糖果在哪個杯子底下，就可以擁有糖果。然後，實驗者請孩子藏糖果，讓他們猜在哪個杯子底下。孩子藏好後，實驗者問孩子糖果藏在哪裡。現在每個孩子都知道，要是實驗者猜錯，他們就能保住糖果，但幾乎每個人都指正確的杯子，底下有糖果的那一個。雖然才剛藏好糖果，這些三歲幼童卻誤以為實驗者已經知道糖果在哪裡。他們無法想像有人相信他們知道不是真的的事，所以十之八九會說實話。

在研究人員用這種遊戲確定參與研究的孩子不會在這裡撒謊後，孩子開始接受六個階段的訓練，為期十一天，訓練包含數項任務。例如，實驗者給孩子看一個鉛筆盒，要他們猜裡面有什麼。孩子會猜鉛筆。然後，實驗者打開鉛筆盒，讓他們看到裡面其實有別的東西，例如絲帶。接下來，實驗者問孩子他們是不是原本就認為盒裡有絲帶，以及沒看到盒裡裝什麼的人，會不會以為裡面有絲帶。如果孩子沒有答出正確答案（不是；不會）——那個年齡多半答不出來，因為他們還不了解人會有錯誤的看法——他們會被糾正，而後反覆進行練習。訓練還有另一部分：實驗者告訴孩子幾個充斥心理狀態用語（**喜歡**、**想要**、**覺得**）的故事，請他們用那些詞彙造句。孩子完成訓練後，會再進行「糖果藏杯底」的任務，現在他們幾乎每一次都會騙實驗者了！

教孩子撒謊和欺騙當然不好，但那不是研究人員教的；孩子只是學會揣摩別人的心智狀態。如研究人員指出，某種程度上，知道怎麼說謊是重要的社交技巧。如果有朋友無法領略生日派對驚喜的邏輯，認為就算沒有人告訴壽星，壽星在朋友開始籌劃的那一刻就心知肚明，那我們會非常擔心這位朋友的心理健康或社交能力。生日派對驚喜涉及不誠實，但那能成功，正是因為我們知道他人可能抱持與我們不同的信念。

孩子們透過這場訓練獲得最重要的東西，就是所謂的「認知心智理論」，也就是明白他人理解世界的方式可能與我們不同。但如果我們要能同理或同情他人，我們也需要有「情感心智理論」：理解他人可能有不同的感覺，知道他們在何種情境可能有什麼樣的感覺。

認知和情感心智理論之間的差異，對理解精神病患者至關重要。要撒謊和欺騙，我們必須先了解他人的想法，而在認知心智理論方面，精神病患和非精神病患差不多一樣好，也就是他們善於解讀他人在想什麼、預測他人怎麼推論，這就是精神病患能操控他人的原因，但精神病患欠缺的是**情感**心智理論，他們冷酷無情、麻木不仁，因為他們渾然不知別人的感覺。

情感心智理論（理解並同情他人的感覺）也可以透過仔細思考他人的處境來提升。讓我們用一項研究更具體地闡述這句話，研究要參與者想想敘利亞難民。二〇一六年，敘利亞難民人數高達五百五十萬，占全球難民四分之一。參與者被問到是否願意寫信給總統（研究進行期間是歐巴馬〔Barack Obama〕），請他容許敘利亞難民來到美國，研究中只有23%的民主黨員表示願意。但其中一些參與者在被要求寫信前，先獲得了額外的特別指示；他們被要求設身處地：「想像你自己是個逃離戰亂國家迫害的難民。你會帶什麼在身上（僅限你能隨身攜帶的東西）踏上旅程？你要逃去哪裡，或是你會待在家鄉？你覺得你最大的挑戰是什麼？」在那一組，願意寫信給總統的民主黨員多了50%。想像置身對方的處境可以促進有利於社會的行為。（共和黨員的效果比較差，或許是因為他們堅守反移民的觀念，而非觀點取替〔perspective-taking〕，所以無法增進保守派人士的同理心。）

## 什麼無效

到目前為止，我解釋了我們有可能在認知及情感層次增進對他人心智的了解。但這兒有個重要的警告，我剛才討論的理解，是非常基本的理解。在敘利亞難民的例子，他們的處境如此艱難，如此惡劣，幾乎人人都能同理，而任何發育正常的孩子都會在上幼兒園之前學會「他人的想法可能和自己不同」。我們可能超越這個基本層次，僅透過想像自己置身對方處境而辨識出他人的想法或感覺嗎？

感覺起來答案應該是肯定的，就是因為我們相信那有可能，我們常抱怨別人無視我們的需求：「你為什麼不試著從我的角度看這件事呢？」當我們因為主管期望太高而備受折磨，我們不明白他們怎會換了位置就換腦袋，忘記他們自己在基層時是怎麼過的，要求這種小小的理解，應該不算過分吧！但在這裡，我們的直覺是錯的，起碼沒有證據支持。一支由三位研究人員組成的團隊，經由二十四場實驗證實，我們理解他人想法或感覺的能力，光靠觀點取替是無法提升的。

順便一提，二十四種實驗是我在單一篇論文所見種類最多的。（其實有二十五種；我將在這一章的尾聲介紹最後一種。）他們之所以得報告那麼多種，是因為他們要提出的主張是如此違反直覺。另外，如果有哪一項研究發現觀點取替無效，那可能是因為研究方法出問題，而非那真的無效：也許是參與者不夠努力，或是任務太困難。也許人就是不可能在那特定的案例理解別人在想什麼，一種別致的說法是：這些研究是在試著證明一種「零效應」[36]（null efect），而在社會科學中，零效應是出了名的難以證明。打個比方，假設你的母親宣稱她最愛的那雙襪子一定被人丟掉了，因為她「每個地方」都找過了——梳妝台、床頭櫃、床底下、洗衣籃。但你的父親說那不叫「每個地方」，叫她也去你弟弟的衣櫃、她的外套口袋、狗的床鋪和床單裡找。就算你的母親真的搜遍這些地方，仍舊不能宣稱她「每個地方」都找過了。現在，我們不難看出，要證明襪子不在屋子裡，比證明襪子在屋子裡難得多，證明實驗的「零效應」也是如此。

在我讀來，這篇論文的作者出了琳瑯滿目的任務，幾乎什麼都試了。他們用了「錯誤信念」（false-belief）任務，即受試者就算知道真相，也應該能夠站在對事實認知錯誤的人的立場想。他們也用了名喚「觀眼知心」（Reading the Mind in the Eyes）的知名測試；那最早是為了研究自閉症兒童而發展。受試者看到一幅有一雙眼睛的圖片，要選出形容最貼切的情感標籤。（讀者上網就能找得到這種測驗，可免費受測；類似測試也用於測量人的情緒商數。）

這是在測試人察覺假笑或謊話的能力，其他任務則涉及較實際的人際互動，受試者要猜夥伴對打保齡球、洗碗等各種活動的偏好，預測夥伴看了《007首部曲：皇家夜總會》（*Casino Royale*）、《金法尤物》（*Legally Blonde*）等電影，或聽了有些人可能覺得冒犯但其他人覺得好笑的笑話（像是「電池跟女人有什麼差別？電池有陽極」或「男人為什麼像草莓？因為男人要很久才會成熟，而那時已經腐爛了」），和各種有爭議的言論（像是「警察該用一切必要之武力來維持法治和秩序」）有何反應。

這二十四種實驗全都分為兩組：控制組（參與者自由運用任何策略來猜）和觀點取替組（強烈鼓勵採用另一人的觀點，比如圖片裡那雙眼睛的主人，或是夥伴的觀點，來猜測他們的喜好、反應和意見）。第二組的參與者表示他們變得比較不自我中心，也相信他們的觀點取替一定會提高正確率。但綜合這林林總總的任務來看，他們的正確率並未提升。

36. 意味著實驗得到的結論與預期不符，也沒有得到其他的有用結論。

就連都是心理學教授的外子和我，也掉進過這個陷阱。以下細節是說給讀者開心的：我是家中主要掌廚者，由於外子常因工作外食，可以變換多種菜色的我，自然會趁他在家用餐時煮他喜歡吃的。又因為外子喜歡的，孩子不見得喜歡，我常得一餐煮兩種義大利麵（孩子吃番茄肉醬直麵，老公吃扁麵佐青花菜義大利臘腸），或醃兩種雞（兒子吃無骨加辣的，女兒和老公吃帶骨不辣的）。在繼續說下去之前，我也需要強調，外子是我所認識的人裡面，最替人著想且不愛出風頭的一個，而且會與我公平分擔家務。他也非常了解我——還記得吧，他非常清楚怎麼跟我傳達四種不同的紅酒。當第二個孩子離家上大學，我們成了空巢老人後，我得承認，今後我只需要煮一個版本的晚餐，真是太棒了。外子說：「是啊，我們口味一樣真是件好事。」我啞然失笑，原來我的先生，向來對我的想法和感受非常敏銳的人，竟以為我做炸雞、煎義大利臘腸是因為我愛吃，才不是呢。要我吃素根本沒什麼難，而且如果沒人在家，我也可以吃開心果冰淇淋和藍莓當晚餐。我這才想起，我從來沒告訴他這件事！讓事情更糟的是，超過二十五年來，我一直誤以為外子明白我做的妥協。

儘管這個例子，加上那二十四種實驗在在證明，光靠設身處地或替人著想，並無法認清事實（像是對方喜歡吃什麼），我們仍不會放棄這樣的希望：我們有辦法學習更準確地猜測對方在想什麼。事實上，確實有心理治療的技巧教人怎麼以更客觀而非自我中心的眼光重新衡量情境，來修正破壞性的思考方式。你或許也聽過有人研發了增進情緒商數的訓練課程，例如學習如何從表情更精確地鑑定出情感，這些是有幫助。

我們也知道演員和小說作者特別擅長揣摩他人的觀點，而他們一定是學過也演練了這樣的技能，不是每個人都能上創意寫作或戲劇課，但透過觀賞大量戲劇或閱讀小說，學習從他人的眼光看世界，我們起碼能否更善於理解他人呢？

一項在《科學》（*Science*）期刊發表的研究測試了我們能否憑藉閱讀文學小說的幫助，更善於覺察他人的想法或感受。參與者要讀兩篇短篇故事（像是唐・得里羅〔Don DeLillo〕的〈跑步的人〉〔The Runner〕和莉迪亞・戴維斯〔Lydia Davis〕的〈盲目約會〉〔Blind Date〕）和近期暢銷書的摘錄（如吉莉安・弗琳〔Gillian Flynn〕的《控制》〔*Gone Girl*〕和丹尼爾・史提爾的《母親的罪》（*The Sins of the Mother*）。然後，他們會進行錯誤信念任務和「觀眼知心」測試，實驗者確實發現有顯著改善。其後，研究得到相當大的關注，且廣為引用。讀那篇論文時，我覺得難以置信，因為參與者讀故事的時間很短，要是真的那麼簡單，我們為什麼尚未達成世界和平？

結果，這項研究無法複製。一項在較近期《自然》期刊發表的研究評估了二〇一〇年到二〇一五年間於《自然》和《科學》發表的社會科學實驗能否複製，其中包括剛描述的那一項，他們沒有找到閱讀小說能改善什麼的證據。

儘管如此，且如同前文所解釋，零效應很難證明。一個貌似有理的可能性是閱讀小說確實有其功效，但需要為期多年、非常大量的閱讀。集體主義社會中的人民之所以較善於猜測他人的感受，是因為他們一輩子都浸淫在這種文化中。同樣地，心理治療技巧和情緒商數訓練也需要參與者長時間不斷練習，才看得到進展，演員和小說作者也是如此：他們採取讀者或觀眾觀點的天分可能是長時間練習，以及充分獲得他人指導與回饋的結果。

## 什麼絕對有效

要更能領會別人的內心，以及更清楚地傳達我們的想法，其實有個非常具體且人人可行的辦法。而且很簡單：別再讓別人瞎猜我們在想什麼，告訴他們吧。另外，在文字訊息裡打反話時，請加上「¯_(ツ)_/¯」或🙂之類的表情符號。

沒錯，有時候，清楚表達我們的想法感覺既尷尬又乏味。開玩笑還要附帶說明，也未免太掃興了。但回想人家敲歌讓我們猜時，我們有多茫無頭緒，還是謹慎點好。我只有在真心想知道朋友的意見，只有在共識是「不行」而還能退貨的時候才會問「你喜歡我的新襯衫嗎？」不會把這句話當成「你根本沒注意我」的被動攻擊陳述。

同樣地，不要再解讀別人的心思和感覺了，如果你富同情心又樂於助人，的確難以抗拒猜測別人想法的誘惑。但研究一再證明，這可能招致多大的禍害，要確定對方知道什麼、相信什麼、有何感覺或想法，只有一種可靠的方式：問。「問就對了」是我前面提到那份報告二十五種實驗的一種。實驗給參與者一連串跟他們夥伴有關的問題，一組被要求試著採取夥伴的觀點；另一組則有五分鐘可以問夥伴問題，再進行測驗。比起只能設身處地的那一組，被允許發問的那一組成績好得多。這樣的論證或許看來明顯得刺眼：知道正確答案，當然可以考得比較好。但那就是重點所在，不蒐集事實，就不可能徹底掌握事實。

要精確理解他人的想法、感受、信仰或知識，我們必須直接跟他們要答案。要是你連朋友對於性歧視玩笑感到好笑或感到冒犯都不知道，光靠想像自己站在對方的立場，是不可能正確猜中他們的態度的。因為我們會將自己知識和感想投射在他人身上，我們會過分自信，以為自己知道他們在想什麼。如此一來，我們就不會特地，或者不會記得去查明我們的假設是否正確。要互相了解，蒐集事實是唯一可靠的途徑。

# 08

# 延遲滿足的麻煩

## 現在的我如何誤解未來的我

我二十五歲時就拿到心理學博士，比這個領域多數博士年輕好幾歲拿到。這不是因為我天資聰穎，而是因為我有時間限制。我二十一歲從南韓來美國念研究所時，當然沒打算這麼快念完。那時我還在努力了解麥當勞「內用還是外帶」等詞語的意義，也不知道辦公室同事問我「妳怎麼來這裡？」我回答「搭飛機」時，到底哪裡好笑。我原本打算跟一般人一樣花五、六年念完博士，但這個計畫在第四學年開學時突然生變，因為我的指導教授決定轉往另一所學校。他告訴我，如果我能在那學年結束前完成博士論文，他願意帶我去他的新大學擔任博士後研究員，而那正是我夢寐以求的研究工作。

我向來在學校表現良好，但在一年內從無到有趕出博士論文，是無比艱鉅的挑戰，而我得發瘋似的埋頭苦幹，暫停一切玩樂。不看電影、不去派對、連啤酒都不喝；我每天工作十六個小時，基本上靠 Cracklin' Oat Bran[37]、牛奶和咖啡維生。那一年過後，我仍繼續忍受林林總總的挑戰和失落，我告訴你這些是要證明，我非常能為了被大幅延後的報酬而堅持不懈。

但我自己也是就我所知最沒耐心的人，我一收到學生的 email 就會火速回信；一有問題浮現腦海時，就馬上要知道答案；當我想出什麼令人興奮的研究構想時，我不會寫 email 給我的研究生，我會傳簡訊，或直接走進他們的研究室；當我有剪頭髮的衝動，能約多快就約多快。我固然老是後悔頭髮被人亂搞，但枯等我中意的設計師有空更是折磨，我要立刻見到成果、答案和報償。

## 低估延遲

我以兩個貌似矛盾的故事做為本章開頭，但它們其實並不矛盾。我稍後會加以解釋，但在那之前，我想先告訴你們，很多人有多不耐煩。以下是一項用來測量我們如何低估延遲報酬的典型測驗。

你想要現在拿到三百四十美元，還是六個月後拿三百四十美元呢？無須動腦，大家都想要現在拿到。

你想要現在拿三百四十美元，還是六個月後拿三百五十美元呢？多數人仍會選擇現在拿三百四十美元。

你想要現在拿三百四十美元，還是六個月後拿三百九十美元呢？在類似這樣的典型實驗中，多數參與者仍屬意現在拿三百四十美元，而非等六個月多拿五十美元。考量通貨膨脹、利率或投資機會，這樣的取捨或許合理。也就是說，現在拿到錢，用來做一些可能創造更高報酬的投資，豈不明智？

答案是否定的。假設你現在拿到三百四十美元，而你把那存入銀行，或投資買股票。假設經濟正常，六個月後你的錢可能只比三百四十美元多一點——了不起多十到十五美元。反觀三百四十美元在六個月後變成三百九十美元，年化報酬率可是有30％之多，這遠比市場上任何利率都來得高。

37. 美國早餐燕麥片品牌。

另一個可能的論點是：我們該現在拿錢，因為天曉得未來六個月會發生什麼事，要給你錢的那個人說不定改變主意，搞不好死了，你也可能會死。或者核子戰爭爆發，紙鈔變得毫無用處，除了燒來取暖。或者你家財萬貫的姑姑可能在六個月內過世，把所有財產留給你，讓你等待的額外五十美元價值微不足道。這些例子全都非常不可能發生；重點是，唯有在如此罕見的情況，六個月後拿三百九十美元的價值才會低於現在拿三百四十美元。

讓我們再做一道題，來闡明我們貶低未來報酬的態度有多不理性。如果可從現領二十美元或一個月後領三十美元之間做選擇，多數人會選現領二十美元。但如果是從十二個月後領二十美元，或十三個月後領三十美元之間做選擇，沒錯，你猜對了，多數人會選擇多等一個月多拿十美元。比較這兩種選擇的情況，不一致顯而易見。我們討論的是一模一樣的差異：十美元，一個月。不論二十或三十美元對一個人有多大的價值，如果他在第一種情況選了二十美元，那也該在第二種情況選二十美元，但一個月的差異在此刻感覺起來比未來大得多。

當然，這種現象有其限度，如果選項是現在三百四十美元與六個月後三十四萬美元，大家都可以等。而我一定就是這樣看待拿博士學位這件事。在我心目中，學位和之後的研究工作比社交生活或正常飲食等眼前的報酬有價值**得多**。我相信大家都有類似經驗，會為了未來的重大報酬而在現在做出若干犧牲；我當然不是說人通常無法延遲滿足。

然而，我們往往會低估未來報酬的用處，且頻率高得不合理。許多行為經濟學的實驗，就像我剛介紹的選擇情況，顯示我們在延遲滿足上似乎做得不夠。現在讓我們想想一些現實生活的例子來證明我們有多不理性地低估未來的報酬。而我會比照行為經濟學的說法，把這種低估延遲報酬的舉動稱作「低估延遲」。

首先來想想氣候變遷，當我們做資源回收來減少廢棄物、種樹來捕集碳，或多花點錢買電動車，我們無法立即獲得比較乾淨的空氣、下降的海平面或快樂的北極熊之類的報酬。這些好處可能要歷經數十年才會浮現；有些甚至可能只有未來世代才能看見。就算我們知道減少碳足跡的未來報酬彌足珍貴，我們或許仍沒有充分的動機在今天把冷氣調弱一點或耗費巨資建太陽能板。但不這麼做就等於現在拿三百五十塊錢，而非數十年後領回三百五十億。

而除了少數真心喜歡天天踩跑步機和吃古代穀物的人，對我們其他人來說，幾乎每一件長保健康的事（像是履行新年新希望一星期運動五天、葡萄酒喝一杯就停）都需要選擇漫長人生的延遲滿足，捨棄眼前的報酬。我們每一次屈服於誘惑，都是在證明後者比前者強大得多。

延遲不必在很久的將來，我們最良善的意圖就會輸給手邊的樂事。過完漫長、倒楣的一天，你可能好想從你最愛的食物，披薩得到慰藉。你有在地披薩店的電話，他們保證半小時送達。只要等三十分鐘，你就會得到熱騰騰、香噴噴的報償，承受一天的壓力，披薩是相當不錯的報償。就在這時你看到櫃台上有一包洋芋片，你知道那會壞了你吃披薩的胃口，但你還是打開來吃了一片又一片，然後覺得厭惡自己到極點。

低估延遲不只適用於低估未來的報酬，也適用於未來的痛苦，而這正好可以解釋，我們做事為什麼會拖拖拉拉。我們很多人平常可以完全不承認不討喜的任務存在——直到截止期限前幾小時，甚至超過期限。在未來做乏味差事的痛苦，感覺起來比現在發生同樣的痛苦容易管理得多，所以我們拖延了。為避免我的學生拖到期限前一晚才拚命趕期末報告，我曾要他們列出臨時抱佛腳的優缺點。針對拖延有哪裡不妥的問題，他們給出所有典型的「正確」答案，像是你永遠不知道最後一刻可能發生什麼事，以及我們往往低估完成一項任務要花多少時間。但我更有興趣的是他們怎麼替拖延辯護，還是有些人主張拖延反而會做得比較好：

> 鑽石是在壓力下形成。
>
> 死線迫在眉睫引發的壓力和腎上腺素可能讓人更有動力。
>
> 你可以思忖得更久，醞釀你對作業的構想，到最後一刻為止。

也有人認為這樣比較有效率：

> 帕金森定理（Parkinson's law）：工作會一直擴充，直到所有可用時間填滿為止。

你不會被細節或完美主義拖進泥淖。

你沒辦法再拖下去。

我最喜歡的一個將拖延合理化的主張，運用了我們在課堂上討論過的題材：「到那個節骨眼你就不會犯下規劃謬誤。」

## 我們為什麼不能等，又可以怎麼學習

以上都是人有多不理性地貶低未來價值的例證。為避免這些情況，我們需要思考它們為什麼會發生，原因不止一個。我會提出好幾個原因，並順便提供反制之道。

## 缺乏自制力

有時我們無法延遲滿足，是因為對衝動缺乏控制。就像你「餓」的時候聞到培根的香味，可以讓你忘記所有健康飲食的好處。現在催自己著手進行六個月後才截止的案子，需要非常雄厚的自制力，畢竟你的愛劇還有好多集等著你追呢。

最早探討延遲滿足和衝動控制的一項研究，是在一九七〇年代以小孩為對象進行，即今日無人不知的「棉花糖測試」。三到五歲的孩子每人拿到一顆棉花糖，並得知實驗人員將離開房間。他們可以馬上吃掉棉花糖，但如果他們願意等到實驗人員回來，就可以再得到一顆棉花糖。如果不能等，就拿不到第二顆棉花糖。

讀者或許會想上YouTube搜尋棉花糖測試，因為那一定會讓你心情愉快；孩子在試著抗拒大口吃下眼前較小的獎勵時，真的可愛極了。凝視著棉花糖，他們眼神惱怒。有的拿來聞，有的摸一摸再舔手指頭，有的戳一戳，彷彿想確定那是真的。

任何養過小孩或跟小孩親近的人應該都猜得到，他們可以等待的時間不一。有人可以堅持十五到二十分鐘；有人更快放棄，但這不是棉花糖測試如此有名的原因。十多年後，一項驚人的發現出爐。當年孩子的等待時間，居然可以預測他們未來的語文和計量SAT成績：幼年時等第二顆棉花糖等得愈久，高中畢業前SAT的成績就愈好。（有些人或許在大眾媒體聽過，後來有一項研究推翻了棉花糖測試，實則不然。在第二項研究中，等待時間和SAT成績仍呈正相關，只是關聯性較小，而那項研究後來也因方法和概念因素遭到令人信服的批判。）

如果等待的人會遇到比較多好事，我們可以怎麼幫助孩子抗拒即時享樂的誘惑呢？這個問題其實就是當初促成最早棉花糖研究的問題，最簡單的辦法就是在孩子等待時，把雪白、鬆軟、香甜的棉花糖藏起來，別讓孩子看到。另外，如果孩子有玩具可以玩，或有人教他們想開心的事，他們的等待時間也會大幅增加，就算棉花糖在視線範圍裡也一樣。

自然界隨處可見這種馬上拿取較低報酬的不理性衝動，而加以阻撓的技巧也雷同。分心可以幫助鴿子延遲滿足，如果你想知道研究人員是如何發現這點，以下是一些細節。實驗首先讓鴿子維持在自由進食體重的80％，大幅提高牠們搜尋食物的動力。鴿子學到，如果牠們看到鴿舍前面牆壁上的一個按鈕亮起就一直啄它，便能馬上獲得牠們沒那麼愛的「卡莎穀物」[38]（Kasha grain），但如果牠們等十五到二十分鐘再啄，就會得到牠們比較喜歡的「混合穀物」一丸。鴿子的耐心不比人好：牠們壓倒性地選擇卡莎穀物的即刻滿足，而非等待更好的混合穀物，鴿子很難無所事事地乾等。

但如果注意力被轉移，鴿子就能等了。在另一項實驗，鴿舍另一端的牆有第二個鍵，會在實驗開始時，像第一個按鈕那樣亮起。鴿子學會如果牠們啄那個鍵二十次——比立刻拿到卡莎穀物要花的時間和力氣大得多，也會得到混合穀物丸。結果，如果鴿子可以分心去啄第二鍵，就明顯比較願意等十五到二十秒來獲得牠們比較愛的混合穀物。

抗拒眼前的誘惑很困難。倘若一個人喜歡每天晚餐都要佐一、兩杯雞尾

38. 一種用水或牛奶煮熟的穀物。

酒或葡萄酒，可能需要相當大的意志力才能戒絕這個習慣。儘管如此，如果孩子和鴿子都可以分心無視眼前的誘惑，或許我們大人也辦得到，喝可口的無酒精飲料總比痴痴望著伴侶的酒杯來得容易。

## 不確定的混亂

我們牽涉到未來報酬或痛苦的判斷，可能因為難以徹底釐清不確定的因素，而變得不理性。我會分享一個我最喜歡的研究，來解釋這種情況。雖然那和延遲滿足沒有直接關係，但那強有力地闡明，不確定的感覺可能怎麼攪亂我們的判斷。

一組學生要想像自己進行艱難的考試，剛發現自己及格。接下來再想像他們可以用非常低而僅限一天的價格，買到好吸引人的夏威夷度假套裝行程。然後他們有三個選項：買、不買，或支付五美元不可退還的手續費來延長特價時間。多數參與者選擇現在就買，那很合理；他們剛通過考試，這樣他們就有東西慶祝了。

另一組學生被提供同樣的選擇，唯獨他們要先想像自己考試沒過，而且兩個月後還要再考一次，這組參與者也大多想要現在買下度假套裝。那也合理：他們還有兩個月時間準備考試，何不來去夏威夷充電一下？

這兩組的結果證實這些學生不論考試成績如何，大多傾向買度假套裝。但也有同樣選擇的第三組學生，則未被告知他們考得怎麼樣，他們大多選擇付五塊錢，等知道結果再作決定，人願意多付一點錢，等不確定因素消失後再做決定——就算他們很可能不論結果為何，都做一樣的決定。

在對於重大未來結果充滿不確定的時候，我們的決策可能陷入癱瘓。在面試後等待錄取結果，或要查明某筆交易是否進行順利時，什麼事情都很難做，就連你平常愛做的事也不例外。隨著二〇二〇年大選之日逼近，我發現自己幾乎不可能專心致力於任何事情，包括我承諾要在十一月底完成的寫作計畫，秉持夏威夷度假套裝研究的精神，我徹底思索每一種可能的結果。要是川普勝選，我還是得寫這本書嗎？是。要是拜登勝選，我還是得寫這本書嗎？是。這讓我甚至在選舉日當天還能寫點東西。事實上，那可說是令我神清氣爽的消遣。

雖然我能夠保持冷靜，熬過不確定的時期，要是有什麼辦法能早點知道選舉結果，我願意不只付五美元，而是一大筆錢，多數人都想盡可能消除不確定感。這般厭惡不確定感很正常，但可能讓我們在結果確定與不確定之間做選擇時失去理性，就像延遲滿足的例子那樣。讓我們回到現拿三百四十美元與六個月後拿三百九十美元的喜好。撇開錢不談，這也可以視為確定與不確定之間的選擇，因為未來永遠是未知數。誰知道六個月後會發生什麼事？如前文提及，我們對於拿不到三百九十美元的擔憂多半是非理性的，因為那些事情真正發生的可能性微乎其微。問題在於，舉例來說，就算我們知道我們在六個月內死掉的機率很小很小，比起我們確知之事，那仍得十分巨大。這有個貼切的名稱叫確定性效應（certainty effect）。

行為經濟學裡有一種知名的現象叫阿萊悖論（Allais paradox），會發生正是因為確定性效應。那是以一九八八年諾貝爾經濟學獎得主莫里斯·阿萊（Maurice Allais）為名。阿萊既是物理學家也是經濟學家，所以我們必須聊聊數字，但這些是貨幣數值，所以不難理解。

先設想第一種情況，你有兩種好到不真實的賭局可選，只能選一種：

賭局A：100%機率贏得一百萬美元

賭局B：89%機率贏得一百萬美元、10%機率贏得五百萬美元、1%機率什麼也沒有

你選哪一個？你可以慢慢選（但別試著計算前面教你的期望值；順從你的直覺）。

我知道我一定會選A捨B。一百萬美元很多了；我會高興地拿著它退休。如果我選B然後什麼也沒贏到，我會懊惱一輩子。似乎沒什麼道理冒B的險，就算有10%贏得五百萬的機會，多數人都會選賭局A。賭局B那1%什麼都沒有的機率比起A的0%，感覺是天壤之別。

現在設想第二種情況。請從下列沒那麼驚人但仍相當不錯的賭局中選一個：

賭局X：11%機率贏得一百萬美元，89%機率什麼都沒有

賭局Y：10%機率贏得五百萬美元，90%機率什麼都沒有

得到這兩種選擇，多數人選擇賭局Y。我也是。雖然我剛說拿一百萬美元也很開心，但如果贏得五百萬和一百萬的機率只差1%，何不冒個小險多賺四百萬呢？

但等等，如果你在第一種情況選擇A，在第二種情況選擇Y，那你就前後矛盾了。

回到賭局A和B。為選出比較好的一個，理性的人應該要消去兩個選項一樣的成分，這裡以略微不同的方式呈現兩個選項，讓消去更容易：

賭局A：89%機率贏得一百萬
加11%機率贏得一百萬
賭局B：89%機率贏得一百萬、
10%機率贏得五百萬，以及
1%機率空手而回

A和B都有89％贏得一百萬的機率，所以我們把它消去。於是，兩個賭局剩下這些，後文分別稱為A1和B1：

賭局A1：11％機率贏得一百萬美元

賭局B1：10％機率贏得五百萬美元

現在，你比較中意哪一個，A1還是B1？也許是B1。另外，請注意：A1與B1的選擇和X與Y一模一樣。我複製貼上給你看：

賭局X：11％機率贏得一百萬美元，89％機率什麼都沒有

賭局Y：10％機率贏得五百萬美元，90％機率什麼都沒有

一如在X與Y的例子，多數人會選擇B1。但換成A與B，多數人卻選擇A，表現出不一致與非理性，那就是這被稱為「悖論」的原因。

會發生這種事，是因為同樣是1%的差異，從0%到1%和從10%到11%的感覺天差地遠。就數學上，這是一模一樣的1%之差，但心理上，我們對待它們的態度截然不同，因為前者是絕對不可能發生與有某個發生機率的差別——確定與不確定之別。相形之下，10%和11%感覺起來就是沒那麼不一樣的小機率了。

阿萊悖論既精確又漂亮（至少對我來說），但的確感覺造作。行為經濟學者動輒以賭博做例子來解釋選擇情境，反倒讓這種現象感覺沒那麼切身相關。豈會有人提供百分之百可以贏得百萬美元的賭局？那甚至不是賭局，現實生活哪會發生這種好事。以下幾個現實生活的案例，是汲取自我們全都經歷過的疫情。

根據CDC的資料，截至二〇二一年六月，輝瑞BNT疫苗被認為預防COVID-19住院重症的效力達95%，莫德納疫苗則有94%。民眾對COVID-19疫苗表達的抱怨、憂慮、議論和過度反應相當多，但我從沒見人抱怨過兩種疫苗的1%效力差距。我打莫德納，雖然我很不爽得等四個禮拜才能打第二劑，不像輝瑞疫苗只要等三個禮拜（還記得我有多沒耐心嗎？），但我完全不在意這樣的效力差距。假設政府決定因效力落差，莫德納疫苗可免費接種，輝瑞疫苗則要自費一百美元，我想沒幾個人願意付錢買那1％。

但如果輝瑞BNT有100％的效力，莫德納有99％，事情可能就完全不一樣了。我們會說一邊是百分之百保證不會得COVID-19，另一邊則還有一絲患病機率。民眾可能會開始付超過一百美元來接種輝瑞BNT疫苗，這便是確定性效應。

每當我們面臨涉及延遲滿足的選擇，我們偏愛確定性（現在就要）勝過不確定性（未來再拿）會成為要素，這種過敏反應不易克服。我教阿萊悖論和確定性效應教了三十年，但自己面對這樣的賭局時，確定性效應仍會左右我的決策。多數人會規避風險，所以如果我們是因為對不確定感到焦慮或恐懼而無法承擔風險，或不願等待未來更豐厚的獲利，一個明顯的解決之道，是強化我們對未來的信心。

一項研究具體地闡述可以怎麼強化信心。參與者分成兩組，第一組要敘述一個他們無能為力的情況，例如主管要他們週末加班，或者他們為參加一項賽事勤加訓練，卻在最後關頭扭傷腳踝，只能黯然退出。第二組則要敘述一個他們大權在握的情況，例如曾是大學校隊的隊長，有權決定訓練計畫和全隊吃什麼晚餐，或者曾在某家店擔任經理，有權指派員工任務。研究發現，描述大權在握情況的人，比想像無能為力情況的人更願意等候較好的報酬。

疫情留給我們對未來的焦慮和不確定，至今我們還是覺得無法掌控。但就算我們面對的不是劃時代的災厄，仍會不時覺得進退不得、無可奈何。要重建我們對未來的信心，回想那些我們能為自己或別人的生命帶來實質改變的時刻，可能有用，這能幫助我們做出更好的選擇，基於事實而非恐懼的選擇。

## 心理距離

我們為什麼會低估未來事物的價值，另一種解釋或許聽來十分明顯：因為未來**感覺起來**好遙遠。明顯歸明顯，這卻提示了一個絕無僅有的解決途徑。

讓我們拿空間距離來比喻時間差異，當你家那條街發生火警，就算沒有蔓延到你家的危險，也會令你心驚肉跳，但如果是另一個城市有火災，你甚至不會在新聞裡看到。還有個比較愉快的例子，要是你的高中同窗贏得奧斯卡，你會覺得與有榮焉，就算那跟你一點關係也沒有。但如果是外國人拿到奧斯卡，除非你剛好是那人的影迷，你恐怕一點也不在乎。同樣地，我們對未來興趣缺缺，因此會貶低未來的報酬或痛苦。

我曾獲邀到英國劍橋大學演講，那是一場小型討論會，預定在六個月後舉行。我安排在會前一個月動個小手術，我的醫師告訴我，動這項手術的患者大多能在術後一個月後旅行。我認為我會跟多數人一樣，就算不是，傷口也不會那麼痛，所以我很高興地接受邀請。所有一切，包括我可能在五個月後經歷的痛苦，一片朦朧。然後，動完手術，我恍然明白，我得在復原期間一邊忍受疼痛一邊準備演講。六個月前接受邀請時，我完全沒考慮這些細節，我該更清楚狀況的：我自己規劃討論會時，會特地在好幾個月前邀請難邀的演講人，因為我知道事件離現在愈遠，他們就愈可能一口答應，這回換我自己落入圈套了。

「低估時間」是我們給出過多承諾的原因。若事情離現在還很久，我們會嚴重低估承諾所需的潛在成本、痛苦、心力和時間，我們在時間還很久時，低估的不只是形形色色的痛苦，也會低估報酬。再舉氣候變遷為例，一項研究顯示，人喜歡今年有二十一天空氣品質改善，勝於一年後有三十五天空氣品質改善。想像現在的我們享受新鮮空氣很容易，但想像未來的我們是何模樣，新鮮空氣對那個人有多大意義，就比較難了。

我們可以做些什麼來避開心理距離的陷阱呢？一個已證實有效的方法，是盡可能具體、詳盡地思考未來事件，讓未來感覺更真實。有些很酷的新工具可以幫助我們做這件事。

在一項研究中，研究人員使用沉浸式虛擬實境，來幫助年輕人為財務未來預作準備。第一步是創造出這些大學生參與實驗的數位分身。接下來一些分身遭到改造，看起來比較接近退休年齡。每個學生都拿到一筆假設的意外之財，結果，分身變老的學生把那筆錢分配給退休的比例，是只看到同齡分身學生的兩倍。

有門路接觸複雜虛擬實境的人不多，但光是想像積極的未來事件，就會有所幫助。在一項研究中，參與者置身標準的延遲選擇情境：現在一筆較小的報酬（比如立刻拿到二十歐元）與之後較大的金額（比如四十五天後拿三十五歐元）競爭。但在做選擇之前，參與者先接獲指示，列出他們未來七個月計畫做的事。例如，奧黛莉說她打算四十五天後去羅馬度假。接下來，當他們在兩種報酬間作選擇時，延遲的選項會跟那件事綁在一起。所以，奧黛莉的兩個選項是現在拿二十歐元及四十五天後拿三十五歐元，第二個選項下方還標註了「羅馬假期」幾個字。提醒人們未來的計畫可大幅緩和對未來報酬不理性的貶低，鼓勵選擇延遲滿足。

在設計方法來協助民眾減少菸酒用量及降低熱量攝取上，這種技巧儼然成為關鍵。在一項研究中，過重的女性參與刻意安排在下午時段的實驗——她們用完午餐很久，這會兒應該覺得餓了。實驗首先讓她們腦中縈繞著多數人覺得安慰的食物，例如肉丸、薯條、臘腸、餅乾、炸雞、沾醬等等，來誘發衝動進食。然後她們有十五分鐘可無限取用這些食物，並被要求品評東西有多可口。測試期間，半數女性（隨機挑選）一邊聽她們自己的錄音，內容是她們若有所思地提及她們未來可能發生哪些好事。另一半也聽她們自己的錄音，但內容是一位女性作家最近在旅遊部落格發表的文章，與受試者自己的未來無關。十五分鐘到，研究人員測量每一位參與者攝取的熱量，思考過未來的受試者攝取約八百大卡；沒這麼做的人則攝取了約一千一百大卡。

## 堅持，不堅持？

我在這章開頭，解釋了人貶低未來報酬的傾向為什麼可能是不理性的，並討論了好幾個促成因素，讓我們可以試著加以克服。

在結束之前，我想增添一句重要的警語。討論從頭到尾，聽起來彷彿抗拒眼前的報酬、為未來犧牲絕對是件好事。人人都可往好的方向改變自己、努力與恆毅力比天生的才能來得重要，是近年大眾心理學的主菜；市面上有好多暢銷書在講一些名人雖然生涯剛起步時並未展現太多天賦，但因為性格強韌、堅持不懈，仍舊成就偉大的事業。很多課程，有些由政府出資，旨在鍛鍊性格、提升自制力來降低藥物、酒精濫用與犯罪，我要為這些努力鼓掌叫好。

然而在此同時，我也擔心若往極端發展，單方面強調自制可能招致反效果。成功人士堅忍不拔的軼事固然激勵人心，但如第二章所解釋，只考慮那些例子，正是確認偏誤的完美範例，堅持多年仍徒勞無功的負面例子亦比比皆是。在我看來，我們應節制我們的「小火車做到了」[39]（the little engine that could）文化，有兩方面的觀察讓我產生這個論點。

首先，青少年和年輕人的焦慮如疫情般蔓延，根據美國國家心理衛生研究院（National Institute of Mental Health）的資料，近三分之一青少年至少曾患過一次焦慮症。焦慮不只普遍，而且還在增加：十八歲到二十五歲的焦慮從二〇〇八年的8％增長至二〇一八年的15％（COVID-19疫情還沒開始）。我個人也親身感受到這種現象，許多優秀的學生都經歷過「錯失恐懼症」（FOMO）——不是怕錯失好玩的事，而是怕錯過永無止境成就競賽的關鍵步驟，我也不例外。這一章，不就是以我怎麼逼自己在二十五歲拿到博士開始嗎？

但我的故事還有後續，我拿到學位後不久，便拿著我做博士後研究工作存下來的錢，首度前往巴黎。就算我得住青年旅館、房間不比衣櫥大，但一

39. 美國的民間傳說，在一九三〇年由Platt & Munk出版後在美國廣為人知，這個故事被用來教導孩子們樂觀和努力的價值。

切美不勝收，食物好吃得不得了，我發現了可麗餅和洋蔥湯，學到你可以在長棍麵包三明治的火腿上加很多奶油，加到像一片厚厚的起司那樣。但最令我震驚的文化，還是親眼看到好多人在平日悠閒地吃兩小時的午餐佐美酒。我一直以為午餐會妨礙生產力，你應該一邊把午餐塞進嘴巴一邊盯著電腦或讀文章，十分鐘內塞完。

然後，在巴黎流連博物館、欣賞描繪兩百年前奇風異俗的畫作時，一個想法閃過腦際，那些畫裡的人認為離婚不合法、束身衣是女性時尚所不可或缺的。現在我們視為理所當然的一些東西，在未來世代眼中會不會不只是錯的，而且荒唐可笑呢？

因為我才剛拿到博士不久，我一直反覆回想那些堅持、犧牲、延遲滿足到底值不值得。在那次博物館之旅，我的結論是，也許，我們願意「為工作而活」這點，會讓後代子孫訕笑不已，我們為什麼要創造一個不僅強迫多數人為工作而活，甚至連最養尊處優的人也覺得自己非得一直拚命工作不可？我們創造了必須攻頂的神話，因為那是衡量人類價值的標準，但當我們攻下這座山頂，卻永遠有下一座，還有下下一座，我們多數人終其一生不是為了待在穩固的土地苦苦掙扎，就是攀爬一座又一座的高山。

事實上，可能不必兩百年，這種過分強調工作的荒謬就會被看出來，很多歐洲國家似乎已經了解。丹麥、挪威、芬蘭等北歐國家是世界上人民最快樂的國家。原因之一是免費的教育和醫療，而這能造就更好的工作與生活的平衡。

過度自制不只會妨礙我們的心理健康和快樂，還會損害我們的生理健康，社經條件處於劣勢者更是如此。在一項研究中，研究人員長年追蹤一組來自喬治亞農村、處於社經弱勢的非裔美國青少年，他們測量了那些青少年的自制程度。（因為我即將敘述的結果多少有點反直覺，對於抱持懷疑的讀者，值得我稍微詳盡解釋一下結果是怎麼來的：他們的自制程度是由其照顧者，亦透過青少年自己回答他們有多認同下列這樣的主張來評估，如「我經常追蹤自己追求目標的進展」、「要是我想改變，我有信心自己辦得到。」）不難想像，這些青少年的自制力有高有低，研究人員發現在十七到十九歲之間表現出較高自制力的人，到二十二歲時出現物質濫用和攻擊性行為的比例較低。這個結果符合我們的預期，顯示自制的典型效用。然而這項研究也報告了一個令人意外的發現：青少年時期的自制力愈強，步入成年早期時免疫系統老化的跡象愈**多**。另一項研究也發現這個同樣驚人的情況：低社經地位而有較高自制力的孩子，就算違法行為與物質濫用情況較少，卻顯現出**較高**的心臟代謝風險（如肥胖、血壓、壓力荷爾蒙等指標所示）。

怎麼會這樣？當這些處於劣勢但自律甚嚴的青少年開始在學校及人生表現良好，他們想要維持水準，甚至做得更好，但因為處於不利的環境，他們會遭遇接二連三的挑戰與困境。因為他們善於自我約束，他們會奮力對抗挑戰，而非放棄，這就像深陷一場永無止境的長年抗戰。壓力荷爾蒙會不斷分泌，最終損害生理健康。

過度自制的損害效應似乎不限於弱勢孩童，另一項研究招募不必然身處弱勢的大學生參與心理實驗，可抵部分學分。研究人員請學生回答自己有多同意「我想要掌控我自己的感覺」和「但願我有更強的能力來改變不好的習慣」等敘述，藉此測量他們原本有多渴望自我掌控。

接下來，所有參與者都要進行一項複製任務，其中一些人的任務真的很簡單：差不多只要用鍵盤複製一個用他們母語（希伯來文）寫的段落即可。

但對其他人來說，任務就可惡至極了：他們得複製一個用外國語言（英文）寫的段落，然後用非慣用手打那段文字，跳過字母「e」且不用空白鍵，於是「If a cluttered desk is a sign of a cluttered mind, of what, then, is an empty desk a sign?」[40]（這句是愛因斯坦說過的話）會變成「Ifacluttrddskisasignofacluttrdmind,ofwhat,thn,isanmptydskasign?」（哇，這就算用兩隻手和我每天使用的語言也很難打。）

好，我們認為極度重視自制的人在兩項任務都會表現得比較好，對吧？不對，強烈渴望自制力確實對較簡單的任務有好處，但比較難的任務結果恰恰相反：非常渴望有自制力的人表現得比沒那麼渴望的人差。

怎麼會這樣？因為困難的任務需要極高的自制力，強烈渴望自制的人很快就會發現期望（力求完美！）與實際表現之間的落差。當他們的目標顯得遙不可及，他們就會氣餒。於是他們會開始投入較少心力，以致最後的表現

40.意思是：如果雜亂的桌面意味著雜亂無章的頭腦，那麼，空桌面意味著什麼呢？

遜於能力所及。

我懷疑像這樣的結果，起碼能部分解釋年輕人愈來愈焦慮的趨勢。身處弱勢環境的人覺得他們做得應該要比起步時好得多，身處優越環境的人四周都是學霸，且時時得接觸別人凸顯天賦與成就的社群媒體貼文，不斷提醒他們「理應」追求何種層次的抱負。真實自我與理想自我之間的感受差距可能讓這些非常自律的學生把自己逼得太緊，形成壓力、焦慮和挫敗感。

知道何時該堅持、何時該放手，不是簡單的事。為此，我每天提醒自己享受做事的過程，不要直接跳到結果。在我試著做瑜伽駱駝式[41]，跪在地上讓大腿與地板呈直角、脊椎後彎讓胸口正對天花板、雙手試著去抓還離得很遠很遠的腳跟時，我會聽我的教練喊「呼吸」。如我的教練所說，你要逼自己做到什麼地步，應以呼吸為指引：如果不能順暢呼吸，就別做了。我對此忠告深信不疑，而那一定幫我趕走了無數個我這個控制狂可能輕易害自己受傷的時刻。我可能永遠做不到駱駝式，但我可以把那歸咎於我手短。就算做不到，我還是很喜歡脊椎醒過來、血液奔流過腦袋，又呼吸順暢的感覺。

如果目標值得追求，伴隨練習而來的痛苦也會令人甘之如飴——就像好的運動、麻辣鍋或冰到刺痛的汽水。但如果你覺得你正為了報酬傷害自己，而你嚮往達成最終目標，卻無法享受過程，或許就該重新思考了，不只重新思考你的優先順序，也要重新思考你看待它們的方式。

41. 瑜伽伸展動作。

*Epilogue*

# 後記

人為什麼想要更善於思考呢？一個我想過好幾遍的候選答案像這樣：「因為我想學會要怎麼用頭腦贏過房裡的每一個人。」例如理解損失規避或許就能幫助你設計出利用他人恐懼的生意或投資策略，如果你的目標在操縱他人意見，知道人在獲得資訊時會依資訊出現的順序提出各式各樣的詮釋來解釋同樣的結果，或許很有用處，我希望你不會這樣使用這本書。

長久以來，我一直很好奇，認知心理學可以怎麼讓世界變得更好。智取他人、打敗他人不是營造更好世界的最佳方式。所以，讓我們繞回來看看理解思考謬誤可以怎麼讓世界變得更好，我相信更好的世界是更公平的世界，而為求公平，我們需要更不帶偏見的思考。

首先，我們都該對自己公平。我們不該對可能發生的事情缺乏信心，刻意搜尋讓不安全感永垂不朽的理由（第二章），或發揮創意為我們的霉運想出最糟的解釋（第六章）。過分自信，忽略我們的限制，讓自己陷入無法掌控的情境，對自己也不公平（第一章）。我們為自己所做的決定要盡可能不偏不倚，基於統計原則和或然率理論，因為這樣才能提供最準確的預測（第四章）。知道我們可能如何淪為軼事、框架效應、損失規避的獵物，可以讓我們擊退那些企圖利用那些技巧占我們便宜的人（第五章）。沒有充分考慮到未來，固然對我們不公平，但為了未來犧牲現在，同樣有失公道（第八章）。

我們也該對他人公平一點——而更妥善的思考比較不帶偏見，所以比較公平。如果你想聲稱某一群人擅長某件事，所以很特別，那麼光證明他們擅長那件事是不夠的，因為另一群人也可能擅長甚至更擅長那件事。給每一個人同等的機會，是唯一能驗證這種假設的適切方法（第二章）。要了解一件事永遠有眾多可能因素，才可以更公平地歸功或歸咎（第三章）。當我們問人需要什麼、想要什麼，而非想當然地認為我們一清二楚，通往更公平社會的路就會筆直得多（第七章）。當我們可以預期別人的缺失，例如無所不在的規劃謬誤（第一章），事先擬訂B計畫，我們就會對他們更有耐心——特別是沒讀過這本書的人！

就像穿一條新褲子或一雙新鞋子，與新的思考方式磨合需要時間，我們當然不會也不可能什麼都修正，但多花點時間單獨或一起聊聊我們過得怎麼樣，和彼此分享自己的看法，也沒有什麼損失囉。

# 致謝

首先，我想感謝所有認知心理學家，他們的成果構成這本書的基礎，特別是我引用的研究。我相信這個世界如果沒有丹尼爾·康納曼和已故的阿莫斯·特沃斯基，一定糟糕很多；而他們劃時代的研究，我感謝再多也不為過。

我也非常感激所有上過我「思考」課的學生。他們充滿學習熱忱，犯錯時樂於自嘲，這鼓舞我週週為三小時的課程花二十多個鐘頭準備，搜尋更好、更新的例子和笑話來吸引他們持續投入，讓課程內容在他們心裡逗留久一點。沒有他們的熱情，這本書不可能寫成。我要特別感謝在二〇二一年秋天上這門課的 Alicia Mazzurra 想出這本書的副標。

Flatiron 的 Will Schwalbe 是說故事天才和資深編輯，他耐心與技巧兼備地帶領我走過手稿的好幾個版本。他擁有我見過最高層次的「心智理論」，顯然不僅了解作家的挑戰，也了解讀者的觀感。我好喜歡和這位優秀的編輯合作，眼看書幾近完成，心中竟感到遺憾。

我的文學經紀人 Jim Levine 惠我良多，特別是書準備要將概念化為文字的初步階段。我感謝他堅決要求我謹守如何提升思考的正面命題，而非我們的思考出了什麼差錯的負面命題。Arthur Goldwag 從頭到尾大幅提升我的文章品質、修訂我非母語者的英文，並保留我的語氣。編輯部的 Samantha Zukergood 和 Andrea Mosqueda 提供年輕世代的觀點。也要感謝 Flatiron 的文字編輯 Bill Warhop 仔細周延的工作。

我自己在這本書裡呈現的研究得到國家心理衛生研究院和國家人類基因組研究所的獎助金支持，以及重新啟動基金會（Reboot Foundation）的慷慨捐贈。

最後要感謝我的丈夫 Marvin Chun。一九九八年前後，當我還在耶魯大學擔任助理教授時，我參加了一場女性教授分組討論，主題是如何擁有一切，也就是兼顧事業與家庭。一名與會者說，秘訣只有一個：找對老公。幸運的是，我已經有了。在我們的婚姻中，我們一起分攤家務、育兒和孩子的姓。他一直全力支持我的事業，每次見到我喪失自信，都會苦惱萬分。做為認知心理學家、教授廣受歡迎「心理學入門」課程多年，他從頭到尾看過我每一章的初稿，提供有建設性和批判性的建議。做為丈夫，他也得在我經歷寫作的高低潮時，與我所有自吹自擂和悲嘆哀鳴共處，特別是疫情期間我們都被關在家裡的時候。謝謝你給我那麼多。

# 原文註釋

## 1. The Allure of Fluency（「順」的誘惑）

**a study on the illusion of fluency that can occur when we are learning new skills:** Michael Kardas and Ed O' Brien, "Easier seen than done: Merely watching others perform can foster an illusion of skill acquisition," *Psychological Science* (2018).

**people are more willing to derive a cause from a correlation:** Woo-kyoung Ahn and Charles W. Kalish, "The role of mechanism beliefs in causal reasoning," *Explanation and Cognition* (2000): 199–225.

**people's expectations for their performance in the market:** Adam L. Alter and Daniel M. Oppenheimer, "Predicting short-term stock fluctuations by using processing fluency," *Proceedings of the National Academy of Sciences* 103, no. 24

(2006): 9369–72.

**it makes people think they are more knowledgeable than they really are:** Matthew Fisher, Mariel K. Goddu, and Frank C. Keil, "Searching for explanations: How the internet inflates estimates of internal knowledge," *Journal of Experimental Psychology: General* 144, no. 3 (2015): 674.

**spelling out one's knowledge can reduce overconfidence:** Leonid Rozenblit and Frank Keil, "The misunderstood limits of folk science: An illusion of explanatory depth," *Cognitive Science* 26, no. 5 (2002): 521–62.

**One study showed that it can reduce political extremism:** Philip M. Fernbach, Todd Rogers, Craig R. Fox, and Steven A. Sloman, "Political extremism is supported by an illusion of understanding," *Psychological Science* 24, no. 6 (2013): 939–46.

**One study that examined the planning fallacy:** Roger Buehler and Dale Griffin, "Planning, personality, and prediction: The role of future focus in optimistic time predictions," *Organizational Behavior and Human Decision*

*Processes* 92, no. 1–2 (2003): 80–90.

**studies done with nonhuman animals like birds and rats:** Stephanie M. Matheson, Lucy Asher, and Melissa Bateson, "Larger, enriched cages are associated with 'optimistic' response biases in captive European starlings (Sturnus vulgaris)," *Applied Animal Behaviour Science* 109, no. 2–4 (2008): 374–83.

## 2. Confirmation Bias（確認偏誤）

**In Wason's first experiment with the 2–4–6task:** Peter C. Wason, "On the failure to eliminate hypotheses in a conceptual task," *Quarterly Journal of Experimental Psychology* 12, no. 3 (1960): 129–40.

**One of the questions I use, taken from:** Keith E. Stanovich, Richard F. West, and Maggie E. Toplak, The rationality quotient: *Toward a test of rational thinking* (CITY: MIT Press, 2016).

**more than twenty-six million people:** A. Regalado, "More than 26 million people have taken an at-home ancestry test," MIT Technology Review, February 11, 2019, www .technologyreview.com/2019/02/11/103446/more-than-26-million-peoplehave-taken-an-at-home-ancestry-test/.

**to make sense of themselves in light of their genetic test results:**Matthew S. Lebowitz and Woo-kyoung Ahn, "Testing positive for a genetic predisposition to depression magnifies retrospective memory for depressive symptoms," Journal of Consulting and Clinical Psychology 85, no. 11 (2017): 1052.

**notorious 2–4–6 problem when it was framed as discovering two rules:** Ryan D. Tweney, Michael E. Doherty, Winifred J. Worner, Daniel B. Pliske, Clifford R. Mynatt, Kimberly A. Gross, and Daniel L. Arkkelin, "Strategies of rule discovery in an inference task," Quarterly Journal of Experimental Psychology 32, no. 1 (1980): 109–23.

**participants in a study ended up rating themselves to be significantly unhappier:** Ziva Kunda, Geoffrey T. Fong, Rasyid Sanitioso, and Emily Reber, "Directional questions direct self-conceptions," Journal of Experimental Social

Psychology 29, no. 1 (1993): 63–86.

**The researchers behind the Mozart effect reported:** Frances H. Rauscher, Gordon L. Shaw, and Katherine N. Ky. "Music and spatial task performance." Nature 365, no. 6447 (1993): 611–611.

**One study examined whether one of these bestselling videos:**Judyf S. DeLoache, Cynthia Chiong, Kathleen Sherman, Nadia Islam, Mieke Vanderborght, Georgene L. Troseth, Gabrielle A. Strouse, and Katherine O' Doherty. "Do babies learn from baby media?" Psychological Science 21, no. 11 (2010): 1570–1574.

## 3. The Challenge of Causal Attribution（因果歸因）

**if only Wilson had not caught the flu, there would have been no Holocaust:** For detailed accounts, see for example John M. Barry, The great influenza: The story of the deadliest pandemic in history (New York: Viking Press, 2004).

**a study showed that when people received a short-term monetary bonus:**

Liad Bareket-Bojmel, Guy Hochman, and Dan Ariely, “It’ s (not) all about the Jacksons: Testing different types of short-term bonuses in the field,” Journal of Management 43, no. 2 (2017): 534–54.

**Such unwarranted discounting has devastating real-life consequences:** Ilan Dar-Nimrod and Steven J. Heine, “Exposure to scientific theories affects women’ s math performance,” Science 314, no. 5798 (2006): 435.

**to blame actions more than inactions:** Daniel Kahneman and Amos Tversky, “The psychology of preferences,” Scientific American 246, no. 1 (1982): 160–73.

**to most people, temporal order matters:** Dale T. Miller and Saku Gunasegaram, “Temporal order and the perceived mutability of events: Implications for blame assignment,” Journal of Personality and Social Psychology 59, no. 6 (1990): 1111.

**Our propensity to assign blame:** Vittorio Girotto, Paolo Legrenzi, and Antonio Rizzo, “Event controllability in counterfactual thinking,” Acta

Psychologica 78, no. 1–3 (1991): 111–33.

**rumination can cause depression:** Sonja Lyubomirsky and Susan Nolen-Hoeksema, "Effects of self-focused rumination on negative thinking and interpersonal problem solving," Journal of Personality and Social Psychology 69, no. 1 (1995): 176–90.

**rumination actually prevents us from effectively solving our problems:** Susan Nolen-Hoeksema, Susan, Blair E. Wisco, and Sonja Lyubomirsky, "Rethinking rumination," Perspectives on Psychological Science 3, no. 5 (2008): 400–24.

**one that demonstrated the effectiveness of a self-distanced approach:** Ethan Kross, Ozlem Ayduk, and Walter Mischel, "When asking 'why' does not hurt distinguishing rumination from reflective processing of negative emotions," Psychological Science 16, no. 9 (2005): 709–15.

**Self-distancing also had a long-term benefit:** Ethan Kross and Ozlem Ayduk, "Facilitating adaptive emotional analysis: Distinguishing distanced-analysis of depressive experiences from immersed-analysis and distraction," Personality and Social Psychology Bulletin 34, no. 7 (2008): 924–38.

## 4. The Perils of Examples（例子的危險）

**The campaign increased quit attempts by 12 percent:** Tim McAfee, Kevin C. Davis, Robert L. Alexander Jr, Terry F. Pechacek, and Rebecca Bunnell, "Effect of the first federally funded US antismoking national media campaign," The Lancet 382, no. 9909 (2013): 2003–11.

**One study used undergraduate students to gain insights:** Eugene Borgida and Richard E. Nisbett, "The differential impact of abstract vs. concrete information on decisions," Journal of Applied Social Psychology 7, no. 3 (1977): 258–71.

**if they became aware of this reasoning fallacy:** Deborah A. Small, George Loewenstein, and Paul Slovic, "Sympathy and callousness: The impact of deliberative thought on donations to identifiable and statistical victims," Organizational Behavior and Human Decision Processes 102, no. 2 (2007): 143–53.

**there is a way to help people seek out more data:** Geoffrey T. Fong, David H. Krantz, and Richard E. Nisbett, "The effects of statistical training on thinking about everyday problems," Cognitive Psychology 18, no. 3 (1986): 253–92.

**In a study conducted in the early 1980s:** David M. Eddy, "Probabilistic reasoning in clinical medicine: Problems and opportunities," Judgment under Uncertainty: Heuristics and Biases, edited by Daniel Kahneman, Paul Slovic, and Amos Tversky (Cambridge: Cambridge University Press, 1982), 249–67.

**here is how he could have done it using his own equation:** Philip Dawid and Donald Gillies, "A Bayesian analysis of Hume' s argument concerning miracles," Philosophical Quarterly (1950-) 39, no. 154 (1989): 57–65.

**According to a 2017 report by the U.S. Government Accountability Office:** United States Government Accountability Office Report to Congressional Requesters, "Countering violent extremism: Actions needed to define strategy and assess progress of federal efforts," (GAO-17-300I), April 2017, https://www.gao.gov/products/gao-17-300; I would like to thank my former undergraduate student Alexandra Otterstrom for pointing me to the sources that this analysis is based on.

**In a study that used these two problems:** Mary L. Gick and Keith J. Holyoak, "Schema induction and analogical transfer," Cognitive Psychology 15, no. 1 (1983): 1–38.

## 5 Negativity Bias（負面偏誤）

**the ways that positive and negative reviews affect sales:** Geng Cui, Hon-Kwong Lui, and Xiaoning Guo, "The effect of online consumer reviews on new product sales," International Journal of Electronic Commerce 17, no. 1 (2012): 39–58.

**people give more weight to negative behavior:** Susan T. Fiske, "Attention and weight in person perception: The impact of negative and extreme behavior,"

Journal of Personality and Social Psychology 38, no. 6 (1980): 889–906.

**Negative events also affect our lives more than positive events:** Roy F. Baumeister, Ellen Bratslavsky, Catrin Finkenauer, and Kathleen D. Vohs, "Bad is stronger than good," Review of General Psychology 5, no. 4 (2001): 323–70.

**researchers cooked ground beef:** Irwin P. Levin and Gary J. Gaeth, "How consumers are affected by the framing of attribute information before and after consuming the product," Journal of Consumer Research 15, no. 3 (1988): 374–78.

**negativity bias in the context of college admission processes:** Woo-kyoung Ahn, Sunnie S. Y. Kim, Kristen Kim, and Peter K. McNally, "Which grades are better, A' s and C' s, or all B' s? Effects of variability in grades on mock college admissions decisions," Judgment & Decision Making 16, no. 6 (2019): 696–710.

**one of the most important papers in behavioral economics:** Daniel Kahneman and Amos Tversky, "Prospect theory: An analysis of decision under risk," Econometrica 47, no. 2 (1979): 263–92.

**participants were told to imagine one of the two situations:** C. Whan Park,

Sung Youl Jun, and Deborah J. MacInnis, "Choosing what I want versus rejecting what I do not want: An application of decision framing to product option choice decisions," Journal of Marketing Research 37, no. 2 (2000): 187–202.

**carried out what they called "field experiments":** Roland G. Fryer, Steven D. Levitt, John List, and Sally Sadoff, Enhancing the efficacy of teacher incentives through loss aversion: A field experiment, No. w18237, National Bureau of Economic Research, 2012.

**undergraduates were given a choice between a mug:** Jack L. Knetsch, "The endowment effect and evidence of nonreversible indifference curves," American Economic Review 79, no. 5 (1989): 1277–84.

**the pain of losses is literally physical:** C. Nathan DeWall, David S. Chester, and Dylan S. White, "Can acetaminophen reduce the pain of decision-making?," Journal of Experimental Social Psychology 56 (2015): 117–20.

**it can literally be a matter of life and death:** Barbara J. McNeil, Stephen G. Pauker, Harold C. Sox Jr., and Amos Tversky, "On the elicitation of preferences for alternative therapies," New England Journal of Medicine 306, no. 21 (1982): 1259–62.

**we can also try to reframe the questions we ask ourselves:** Eldar Shafir, "Choosing versus rejecting: Why some options are both better and worse than others," Memory & Cognition 21, no. 4 (1993): 546–56.

## 6. Biased Interpretation（偏頗的詮釋）

**Babies who slept with a light on:** Graham E. Quinn, Chai H. Shin, Maureen G. Maguire, and Richard A. Stone, "Myopia and ambient lighting at night," Nature 399, no. 6732 (1999): 113–14.

**As CNN summarized it:** "Night-light may lead to nearsightedness," CNN .com, May 13, 1999, http://www.cnn.com/HEALTH/9905/12/children.lights/.

**debunking this earlier study:** Karla Zadnik, Lisa A. Jones, Brett C. Irvin, Robert N. Kleinstein, Ruth E. Manny, Julie A. Shin, and Donald O. Mutti, "Myopia and ambient night-time lighting," Nature 404, no. 6774 (2000): 143–44.

**CNN duly corrected its earlier report:** Ulysses Torassa, "Leave it on: Study says night lighting won't harm children's eyesight," CNN .com, March 8, 2000, https://www.cnn.com/2000/HEALTH/children/03/08/light.myopia.wmd/index.html.

**that belief is imprinted and does not get revised:** Eric G. Taylor and Woo-kyoung Ahn, "Causal imprinting in causal structure learning," Cognitive Psychology 65, no. 3 (2012): 381–413.

**what happens when two candidates for a research job are identical:** Corinne A. Moss-Racusin, John F. Dovidio, Victoria L. Brescoll, Mark J. Graham, and Jo Handelsman, "Science faculty's subtle gender biases favor male students," Proceedings of the National Academy of Sciences 109, no. 41 (2012): 16474–79.

**Participants . . . were asked to play a video game:** Joshua Correll, Bernadette Park, Charles M. Judd, and Bernd Wittenbrink, "The police officer's dilemma: Using ethnicity to disambiguate potentially threatening individuals," Journal of Personality and Social Psychology 83, no. 6 (2002): 1314–29.

**A seminal study, published in 1979:** Charles G. Lord, Lee Ross, and Mark R. Lepper, "Biased assimilation and attitude polarization: The effects of prior theories on subsequently considered evidence," Journal of Personality and Social Psychology 37, no. 11 (1979): 2098–109.

**individuals at different levels of quantitative reasoning skills:** Dan M. Kahan, Ellen Peters, Erica Cantrell Dawson, and Paul Slovic, "Motivated numeracy and enlightened self-government," Behavioural Public Policy 1, no. 1 (2017): 54–86.

**can people see an identical object in two opposite ways:** Jessecae K. Marsh and Woo-kyoung Ahn, "Spontaneous assimilation of continuous values and temporal information in causal induction," Journal of Experimental Psychology: Learning, Memory, and Cognition 35, no. 2 (2009): 334–52.

## 7. The Dangers of Perspective-Taking（設身處地的難題）

**participants were tested on their sarcasm:** Justin Kruger, Nicholas Epley, Jason Parker, and Zhi-Wen Ng, "Egocentrism over e-mail: Can we communicate as well as we think?," Journal of Personality and Social Psychology 89, no. 6 (2005): 925–36.

**This study used ambiguous sentences:** Kenneth Savitsky, Boaz Keysar, Nicholas Epley, Travis Carter, and Ashley Swanson, "The closeness-communication bias: Increased egocentrism among friends versus strangers," Journal of Experimental Social Psychology 47, no. 1 (2011): 269–73.

**even college students have similar difficulties:** Susan A. J. Birch and Paul Bloom, "The curse of knowledge in reasoning about false beliefs," Psychological Science 18, no. 5 (2007): 382–86.

**120 songs were tapped and only three were correctly guessed:** L. Newton, "Overconfidence in the communication of intent: Heard and unheard melodies" (unpublished Ph.D. diss., Stanford University, 1990).

**An example of this phenomenon:** Stephen M. Garcia, Kimberlee Weaver, and Patricia Chen, “The status signals paradox,” Social Psychological and Personality Science 10, no. 5 (2019): 690–96.

**people forget to take other people’s perspectives into account:** Shali Wu and Boaz Keysar, “The effect of culture on perspective taking,” Psychological Science 18, no. 7 (2007): 600–606.

**children in this age cohort can be taught to understand false beliefs:** Xiao Pan Ding, Henry M. Wellman, Yu Wang, Genyue Fu, and Kang Lee, “Theory-of-mind training causes honest young children to lie,” Psychological Science 26, no. 11 (2015): 1812–21.

**Let me illustrate this more concretely:** Claire L. Adida, Adeline Lo, and Melina R. Platas, “Perspective taking can promote short-term inclusionary behavior toward Syrian refugees,” Proceedings of the National Academy of Sciences 115, no.38 (2018): 9521–26.

**A team of three researchers:** Tal Eyal, Mary Steffel, and Nicholas Epley, "Perspective mistaking: Accurately understanding the mind of another requires getting perspective, not taking perspective," Journal of Personality and Social Psychology 114, no. 4 (2018): 547–71.

**tested whether we can better discern:** David Comer Kidd and Emanuele Castano, "Reading literary fiction improves theory of mind," Science 342, no. 6156 (2013): 377–80.

**evaluated the replicability of social science experiments:** Colin F. Camerer, Anna Dreber, Felix Holzmeister, Teck-Hua Ho, Jürgen Huber, Magnus Johannesson, Michael Kirchler et al., "Evaluating the replicability of social science experiments in Nature and Science between 2010 and 2015," Nature Human Behaviour 2, no. 9 (2018): 637–44.

## 8. The Trouble with Delayed Gratification（延遲滿足的麻煩）

**The answer is no:** The discussion of irrationality of delay discounting is based on Jonathan Baron, Thinking and deciding (Cambridge: Cambridge University Press, 2000).

**One of the earliest studies on delayed gratification:** Walter Mischel, Ebbe B. Ebbesen, and Antonette Raskoff Zeiss, "Cognitive and attentional mechanisms in delay of gratification," Journal of Personality and Social Psychology 21, no. 2 (1972): 204–18.

**a subsequent study debunked the marshmallow test:** Tyler W. Watts, Greg J. Duncan, and Haonan Quan, "Revisiting the marshmallow test: A conceptual replication investigating links between early delay of gratification and later outcomes," Psychological Science 29, no. 7 (2018): 1159–77.

**that follow-up study was later convincingly critiqued:** See for example Armin Falk, Fabian Kosse, and Pia Pinger, "Re-revisiting the marshmallow test: a direct comparison of studies by Shoda, Mischel, and Peake (1990) and Watts, Duncan, and Quan (2018)," Psychological Science 31, no. 1 (2020): 100–104.

**Distractions can help pigeons delay gratification:** James Grosch and Allen Neuringer, "Self-control in pigeons under the Mischel paradigm," Journal of the Experimental Analysis of Behavior 35, no. 1 (1981): 3–21.

**the feeling of uncertainty can mess up our judgments:** Amos Tversky and Eldar Shafir, "The disjunction effect in choice under uncertainty," Psychological Science 3, no. 5 (1992): 305–10.

**one obvious solution would be to boost our confidence about the future:** Priyanka D. Joshi and Nathanael J. Fast, "Power and reduced temporal discounting," Psychological Science 24, no. 4 (2013): 432–38.

**people prefer twenty-one days of improved air quality:** David J. Hardisty and Elke U. Weber, "Discounting future green: money versus the environment," Journal of Experimental Psychology: General 138, no. 3 (2009):

**undergraduates who were not necessarily disadvantaged were recruited to participate:** Liad Uziel and Roy F. Baumeister, "The self-control irony: Desire for self-control limits exertion of self-control in demanding settings," Personality and Social Psychology Bulletin 43, no. 5 (2017): 693–705.

國家圖書館出版品預行編目資料

思考101：耶魯大學改變人生的一堂思辨課/安宇敬(Woo-Kyoung Ahn) 著；洪世民 譯. -- 初版. -- 臺北市：平安文化有限公司, 2023.7
面；公分. -- (平安叢書；第764種)(我思；18)
譯自：Thinking 101

ISBN 978-626-7181-73-7 (平裝)

1.CST: 認知心理學 2.CST: 思考

176.3　　112009080

平安叢書第764種


**我思 18**

# 思考101

## 耶魯大學改變人生的一堂思辨課

Thinking 101



作　　者—安宇敬
譯　　者—洪世民
發 行 人—平　雲
出版發行—平安文化有限公司
臺北市敦化北路120巷50號
電話◎02-27168888
郵撥帳號◎18420815號
皇冠出版社(香港)有限公司
香港銅鑼灣道180號百樂商業中心
19字樓1903室
電話◎2529-1778　傳真◎2527-0904
總 編 輯—許婷婷
執行主編—平　靜
責任編輯—陳思宇
美術設計—Dinner Illustration、單宇
行銷企劃—薛晴方
著作完成日期—2022年
初版一刷日期—2023年7月
初版六刷日期—2024年6月
法律顧問—王惠光律師

讀者服務傳真專線◎02-27150507
電腦編號◎576018
ISBN◎ 978-626-7181-73-7
Printed in Taiwan
本書定價◎新臺幣420元/港幣140元

329–40.

**researchers used immersive virtual reality:** Hal E. Hershfield, Daniel G. Goldstein, William F. Sharpe, Jesse Fox, Leo Yeykelis, Laura L. Carstensen, and Jeremy N. Bailenson, "Increasing saving behavior through age-progressed renderings of the future self," Journal of Marketing Research 48, no. SPL (2011): S23–37.

**simply imagining positive future events can help:** Jan Peters and Christian Büchel, "Episodic future thinking reduces reward delay discounting through an enhancement of prefrontal-mediotemporal interactions," Neuron 66, no. 1 (2010): 138–48.

**overweight women participated in afternoon experiment sessions:** T. O. Daniel, C. M. Stanton, and L. H. Epstein, "The future is now: Reducing impulsivity and energy intake using episodic future thinking," Psychological Science 24, no. 11 (2013): 2339–42.

**Anxiety is not only prevalent, it is increasing:** Renee D. Goodwin, Andrea

H. Weinberger, June H. Kim, Melody Wu, and Sandro Galea, "Trends in anxiety among adults in the United States, 2008–2018: Rapid increases among young adults," Journal of Psychiatric Research 130 (2020): 441–46.

**it impairs our physical health:** Gregory E. Miller, Tianyi Yu, Edith Chen, and Gene H. Brody, "Self-control forecasts better psychosocial outcomes but faster epigenetic aging in low-SES youth," Proceedings of the National Academy of Sciences 112, no. 33 (2015): 10325–30.

**researchers followed a group of socioeconomically disadvantaged:** Gene H. Brody, Tianyi Yu, Edith Chen, Gregory E. Miller, Steven M. Kogan, and Steven R. H. Beach, "Is resilience only skin deep? Rural African Americans' socioeconomic status–related risk and competence in preadolescence and psychological adjustment and allostatic load at age 19," Psychological Science 24, no. 7 (2013): 1285–93.